Robert Winston

¿QUÉ ME HACE SER YO?

Un libro de Dorling Kindersley
www.dk.com

Winston, Robert
¿Qué me hace ser yo?. - 1a ed. - Buenos Aires : Atlántida, 2008.
96 p. ; 22x28 cm.

ISBN 978-950-08-3572-5

1. Anatomía Humana. I. Título
CDD 611

Fecha de catalogación: 22/04/2008

Título original: WHAT MAKES ME ME?
©DORLING KINDERSLEY LIMITED, 2004
ISBN 978-1-4053-0359-0

©De la traducción en español:
PEARSON EDUCACIÓN, S.A., 2008
ISBN 950-08-3572-5

Traducción y maquetación:
ABM COMMUNICATION MANAGEMENT, S.L.

©De la presente edición:
EDITORIAL ATLANTIDA S.A., 2008

Primera edición publicada por EDITORIAL ATLANTIDA S.A.,
Azopardo 579, Buenos Aires, Argentina.
Derechos reservados para Cono Sur y Pacto Andino:
Editorial Atlántida S.A.

Hecho el depósito que marca la ley 11.723

Libro de edición argentina - Impreso en China.
ISBN: 978-950-08-3572-5

"¿Alguna vez te has preguntado por qué odias tanto los repollitos de Bruselas, por qué tu cara es tan diferente a la de los demás o por qué a veces te pareces a tus padres? Tu cuerpo, tu cerebro y tu manera de pensar y comportarte están relacionados entre sí y contribuyen para que tú seas diferente a todos los demás.

Este libro es acerca de las cosas que hacen que seas único, desde la forma de tus orejas y el sonido de tu voz, hasta las cosas que te dan miedo o te hacen reír. Tus genes, tu personalidad y tus talentos son parte de tu historia y aprenderás más sobre ellos con las pruebas y cuestionarios de este libro que, antes que nada, quiere que te diviertas descubriendo lo que hace que tú seas *tú*. "

Robert Winston.

CONTENIDO

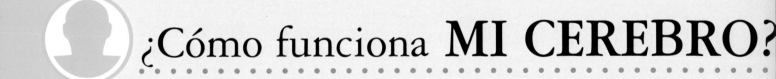

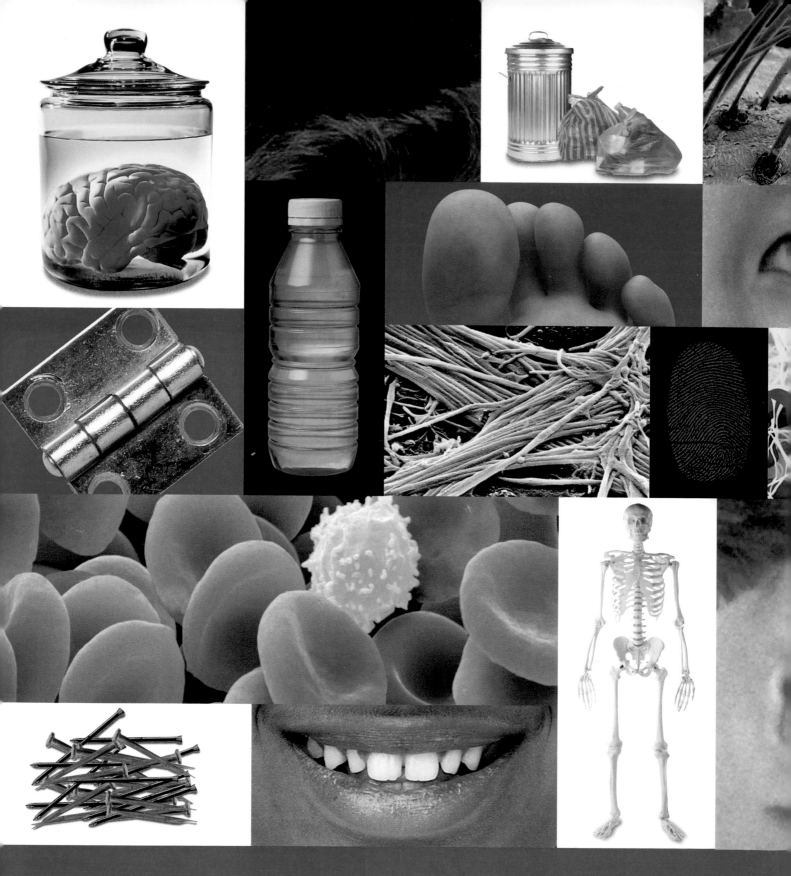

¿DE QUÉ ESTOY HECHO?

"Tu cuerpo es una máquina increíblemente complicada hecha de 5 billones de billones de billones de átomos.

Desde hace 4.000 años, por lo menos, la gente ha intentado descubrir cómo funciona su cuerpo, y aún hay misterios como el funcionamiento del cerebro y la causa del hipo.

Lo que sí sabemos es de qué estamos hechos: sólo agua, carbón y un puñado de elementos químicos simples que puedes encontrar en cualquier lugar. De hecho, en el jardín es posible hallar todos los átomos para crear un cuerpo humano."

INGREDIENTES

Imagina que intentas construir un cuerpo humano con una receta y usando los ingredientes más simples que sea posible. Podrías hacerlo con solo 13 químicos llamados **elementos**. Los elementos del cuerpo humano no tienen nada de especial, pues estamos hechos de lo mismo que los demás seres vivos, desde las **pulgas** hasta las **ballenas**.

1 65% Oxígeno

El elemento oxígeno constituye dos tercios de tu cuerpo, sobre todo en forma de agua (H_2O). También obtienes oxígeno del aire cada vez que respiras.

2 18% Carbón

Casi una quinta parte de ti es carbón, el mismo que forma los diamantes y la punta de los lápices. Los átomos de carbón se unen en cadenas largas y forman la parte principal de las moléculas más complejas de tu interior.

3 10% Hidrógeno

El hidrógeno es el elemento más común del universo y tiene los átomos más pequeños. **Puede pasar por las paredes** y flotar en el aire, por eso la gente lo usaba para inflar globos (hasta que se descubrió lo fácil que explota).

4 3% Nitrógeno

Un saco de fertilizante para plantas contiene casi el mismo nitrógeno que un cuerpo humano. Es uno de los ingredientes principales de los músculos y es el más importante del aire.

5 1% Fósforo

Este elemento es el que hace que las cerillas se enciendan. También ayuda a que los dientes y los huesos sean fuertes, forma membranas celulares y ayuda a transportar la energía.

FÓSFORO · HIERRO · H_2O · CLORO · NITRÓGENO · CALCIO · AZUFRE · POTASIO

UN CUERPO HUMANO

33kg oxígeno + 9kg carbón +5kg 800g calcio + 500g fósforo azufre + 80g sodio + 80g 4g hierro + 0,02g yodo

SODIO

YODO

MAGNESIO

CARBÓN

EN PREPARACIÓN

hidrógeno + 1,5kg nitrógeno + 180g potasio + 130g cloro + 25g magnesio = ¡TÚ!

¿Hay algo más?

Para un cuerpo perfecto también necesitas un poco de cobre, zinc, manganeso, cobalto, litio, estroncio, aluminio, silicio, plomo y arsénico. Un cuerpo promedio tiene, además, cerca de 90 microorganismos de **uranio**.

6 **0,35% Potasio**
Los jabones de tocador están hechos de potasio. Este ayuda a mantener el equilibrio químico de los fluidos del cuerpo.

7 **0,15% Cloro**
El cloro es un **gas verde mortal** que se usa para hacer blanqueador. En el cuerpo se une al sodio para formar sal (cloruro de sodio).

8 **0,15% Sodio**
El sodio es la otra mitad del cloruro de sodio (sal) que hace que los fluidos corporales sean salados como el agua de mar.

9 **0,05% Magnesio**
La sorprendente luz blanca de los fuegos artificiales surge cuando se quema el magnesio. En el cuerpo impulsa el sistema inmunológico y ayuda a que los nervios se activen y que los músculos se contraigan.

10 **0,25% Azufre**
El azufre es una parte vital de las proteínas y ayuda a la coagulación de la sangre. También es el responsable del olor apestoso de los pedos, los huevos podridos y el agua estancada.

11 **1,6% Calcio**
El calcio endurece las conchas, la tiza y el mármol. Hace lo mismo con tus huesos y tus dientes. Además mantiene a tu corazón latiendo y hace que tus músculos trabajen.

12 **0,008% Hierro**
En el cuerpo hay suficiente hierro para hacer un clavo. Se pone rojo cuando se junta con el oxígeno, por eso la sangre y el óxido son rojos.

13 **0,00004% Yodo**
Hay muy poco yodo en tu cuerpo, sin embargo morirías sin él. Dales yodo a los renacuajos y se convertirán en ranas.

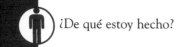
CÉLULAS

Con solo mezclar los elementos químicos no podrías construir un cuerpo humano, sería como esperar una tormenta en un depósito de chatarra para hacer un avión. Necesitas empezar con los ladrillos correctos. Los más pequeños son unas unidades microscópicas llamadas **células**, pero hace falta juntar más de **100 trillones** para armar un rompecabezas demasiado complicado. Estas son solo algunas.

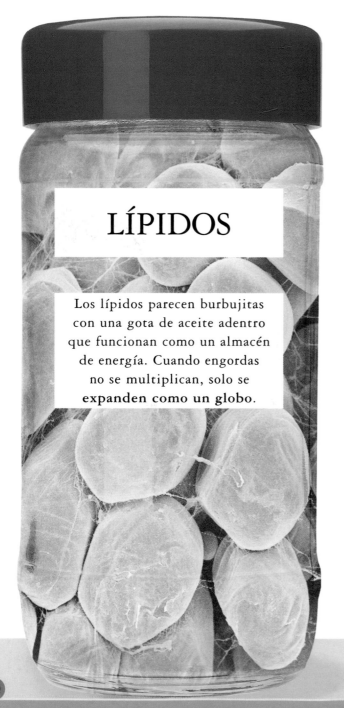

LÍPIDOS

Los lípidos parecen burbujitas con una gota de aceite adentro que funcionan como un almacén de energía. Cuando engordas no se multiplican, solo se **expanden como un globo**.

GLÓBULOS SANGUÍNEOS

Casi la mitad de tus células son de sangre. Los glóbulos rojos transportan el oxígeno por el cuerpo y te mantienen vivo. A cada segundo creas 2 millones de células nuevas.

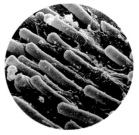

Células del ojo

Las células que hay detrás del ojo detectan la luz y te dan el sentido de la vista.

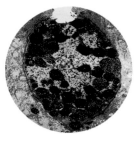

Caliciformes

El líquido pegajoso (**mucosa**) de la nariz y de los intestinos sale de las células caliciformes.

Esperma

Cuando el esperma de un hombre se une al óvulo de una mujer forman un nuevo bebé.

Células de piel

Son como hojitas que protegen tus frágiles partes internas del mundo exterior.

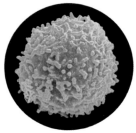

Glóbulos blancos

Esta célula es una especie de soldado errante. Busca gérmenes y los **elimina**.

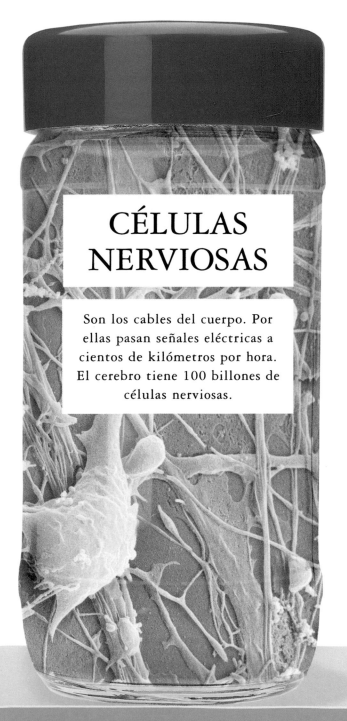

CÉLULAS NERVIOSAS

Son los cables del cuerpo. Por ellas pasan señales eléctricas a cientos de kilómetros por hora. El cerebro tiene 100 billones de células nerviosas.

CÉLULAS ÓSEAS

Aunque los huesos parecen muertos y sólidos como una roca, en realidad tienen células vivas. Estas se rodean con minerales que endurecen los huesos.

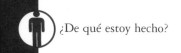

PARTES DEL CUERPO

Nunca se terminaría de construir el cuerpo con 100 trillones de células separadas, pero puedes agilizar las cosas empezando con ladrillos más grandes. Por lo regular, las células se juntan con otras similares para formar **tejidos** como la grasa, los nervios, o

9 botellas de **sangre**, 2 metros cuadrados de **piel**, 5 millones de **cabellos**, una cubeta de **grasa**,

Sangre	Piel	Pelo	Grasa

La sangre es un tejido líquido que lleva los elementos vitales por el cuerpo. Está compuesta de trillones de células rojas suspendidas en una mezcla acuosa de sal, azúcar y otros químicos.

El órgano más grande es la piel que protege los órganos internos. La capa exterior siempre está cambiando.

El pelo cubre todo el cuerpo excepto los ojos, los labios, las palmas y las plantas de los pies.

Bajo la piel y alrededor de los órganos, el cuerpo almacena en forma de grasa la energía sobrante.

2 **pulmones**, 2 **riñones** entubados a una **vejiga**, 1 **estómago**, 9 metros de

Pulmones	Riñones	Vejiga	Estómago

Los pulmones succionan el **oxígeno** vital del aire y lo llevan a la sangre.

El cuerpo produce desperdicios químicos continuamente. Los riñones los filtran y los convierten en orina.

La orina de los riñones se vierte en una bolsa elástica llamada vejiga. Cuando se llena produce las ganas de orinar.

El estómago es una sección en forma de "J" que mezcla la comida y empieza a triturarla o descomponerla con ácidos.

músculos. Cuando dos o más tejidos se juntan para formar una parte del cuerpo con una función específica —como el corazón, el estómago o el cerebro— lo llamamos **órgano**. ¿Entonces, qué tejidos y órganos necesitarías para hacer un cuerpo?

206 **huesos** unidos a 640 **músculos**, 100.000 kilómetros de **vasos sanguíneos**, un **corazón**,

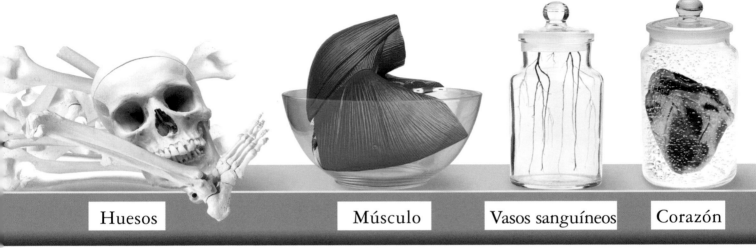

Huesos	Músculo	Vasos sanguíneos	Corazón

Los huesos forman el esqueleto que mantiene todo en su lugar y permite el movimiento gracias a sus articulaciones, sorprendentemente flexibles.

Los músculos tiran de los huesos y mueven el cuerpo. También forman las paredes de órganos internos como el corazón.

La sangre fluye por unos tubos llamados vasos sanguíneos (arterias, venas y capilares).

Es la bomba que impulsa la sangre por todo el cuerpo. Nunca se detiene (hasta que mueres).

intestinos, un **hígado**, 32 **dientes**, 1 **cerebro** y un conjunto de **órganos sensoriales**.

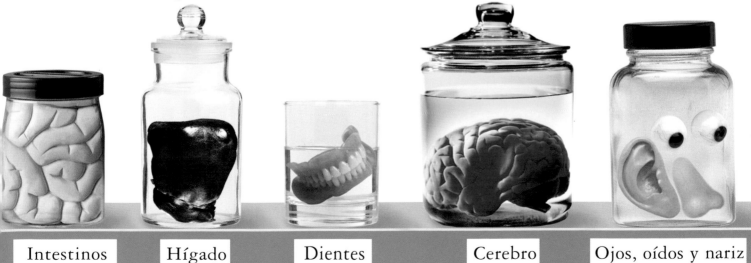

Intestinos	Hígado	Dientes	Cerebro	Ojos, oídos y nariz

Estos tubos enredados dividen la comida en químicos simples que la sangre pueda absorber.

El hígado es como una fábrica química que procesa los químicos de la sangre.

Los dientes despedazan la comida y la convierten en una pasta que se traga fácilmente.

Es el centro de control y la parte más inteligente del cuerpo, en él tienen lugar los pensamientos, la memoria y los sentimientos.

Los ojos, los oídos y la nariz son los órganos sensoriales más importantes.

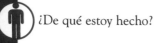

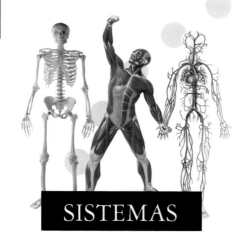

SISTEMAS

TÚ

ELEMENTOS

PONGAMOS TODO JUNTO

ÓRGANOS

CÉLULAS

Una vez que has reunido todas las **piezas del cuerpo**, puedes empezar a unirlas. Igual que los elementos hacen células y las células hacen órganos, estos se unen en **sistemas**, con una función particular. El primer sistema que se construye es el esqueleto, que crea una estructura para todo lo demás, luego solo agregas los demás órganos y los conectas, envuelves todo en una capa de piel y enciendes los órganos sensoriales.

EL ESQUELETO

El esqueleto es la estructura interna de huesos que sostiene al cuerpo. Sin él caerías al suelo como gelatina. Cerca del 25 por ciento del peso corporal es de hueso y la mitad de los 206 huesos está en las manos y pies. Los huesos se unen con un ingenioso sistema de **articulaciones** y uniones que permiten que el cuerpo se mueva.

Los huesos sienten dolor y sangran cuando se cortan.

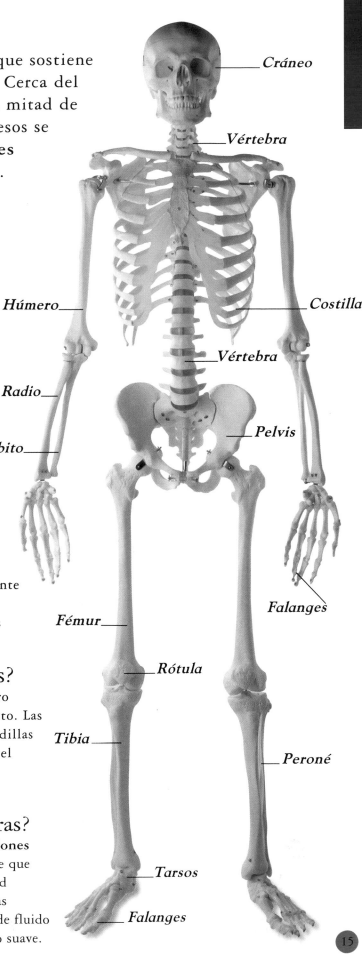

Cráneo

Vértebra

Húmero

Costilla

Vértebra

Radio

Pelvis

Cúbito

Falanges

Fémur

Rótula

Tibia

Peroné

Tarsos

Falanges

¿Qué hay en un hueso?
Los huesos no son tan sólidos y pesados como parecen. Su interior es arrugado con **espacios vacíos** que los mantiene ligeros y que albergan a los vasos sanguíneos y los nervios.

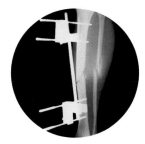

¿Cómo se reparan?
El hueso es un **tejido vivo** que puede crecer o regenerase igual que la piel. Cuando te rompes un hueso, rápidamente se forma nuevo tejido óseo y llena el espacio. Si los ejercitas se vuelven más densos y resistentes.

¿Qué son las articulaciones?
Las articulaciones unen los huesos, pero también les permiten cierto movimiento. Las articulaciones de los dedos, codos y rodillas funcionan como **bisagras** que limitan el movimiento a una sola dirección.

¿Cómo funcionan las caderas?
Las caderas y los hombros son **articulaciones de rótula**. Este ingenioso diseño permite que brazos y piernas se balanceen con libertad en cualquier dirección. Como en todas las articulaciones móviles, hay una cápsula de fluido que las rodea y mantiene un movimiento suave.

LOS MÚSCULOS

Los músculos hacen que te muevas. Los más grandes envuelven los huesos y se mantienen unidos y en su lugar mediante unas cuerdas duras llamadas **tendones**. Cuando los músculos se contraen tiran de los huesos y mueven el esqueleto. Puedes controlar conscientemente casi 640 músculos, pero hay otros cientos que no puedes mover voluntariamente.

Casi 40% de tu peso corporal es músculo

Sonrisa falsa
Los **60 músculos** de la cara son solo parcialmente voluntarios. Una sonrisa falsa mueve un grupo de músculos diferente al de una sonrisa genuina e involuntaria.

Parpadear rápido
Los músculos más rápidos están en los párpados. Hacen que parpadees 20 veces por minuto para mantener los ojos húmedos. Si no lo hicieras tus ojos se secarían y quedarías **ciego**.

Mi dedo se pegó
Pon la mano en esta posición y levanta los dedos uno por uno. El dedo anular se pega porque está unido al mismo tendón que el índice.

Lengua que gira
La parte más flexible del cuerpo es la lengua. Tiene al menos **14 músculos** unidos en un complicado manojo que puede girar y moverse en cualquier dirección.

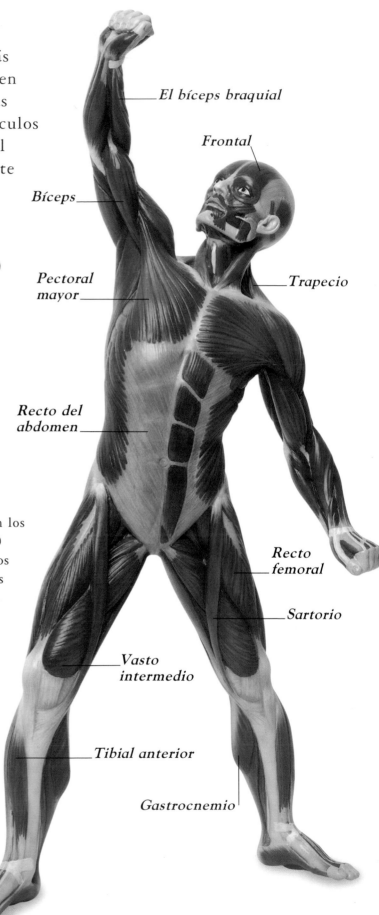

El bíceps braquial

Frontal

Bíceps

Pectoral mayor

Trapecio

Recto del abdomen

Recto femoral

Sartorio

Vasto intermedio

Tibial anterior

Gastrocnemio

EL SISTEMA CIRCULATORIO

La sangre es el sistema de transporte del cuerpo. Se bombea desde el corazón y recorre todo el cuerpo en unos tubos llamados vasos sanguíneos. Lleva el **oxígeno**, el alimento y los químicos que necesitan las células. También lleva células para combatir los gérmenes, distribuye el calor y elimina los desperdicios. Puedes perder un tercio de la sangre y sobrevivir, pero si pierdes la mitad, mueres.

Tu corazón late 100.000 veces al día

Glóbulos rojos

Una sola gota de sangre contiene cerca de 5 millones de glóbulos rojos. Estos están llenos de **hemoglobina**, rica en hierro, que recoge el oxígeno en los pulmones y luego lo libera por el cuerpo.

Coágulo de sangre

Cuando te cortas, los químicos de la sangre reaccionan con el aire y forman un manojo de fibras pegajosas que atrapan las células sanguíneas como si fueran peces en una red. El coágulo se seca y se convierte en una costra.

Corazón

El corazón es una bola vacía de músculo del tamaño de un puño, pero mucho más fuerte. Cuando late, arroja cerca de una taza de sangre que recorre el cuerpo. Las **arterias** llevan la sangre desde el corazón y las **venas** la regresan.

Revisa tu pulso

Tu pulso es la sangre que se detiene y avanza con cada latido del corazón. Tu corazón late cerca de 70 veces por minuto, pero puede llegar hasta 200 si estás emocionado.

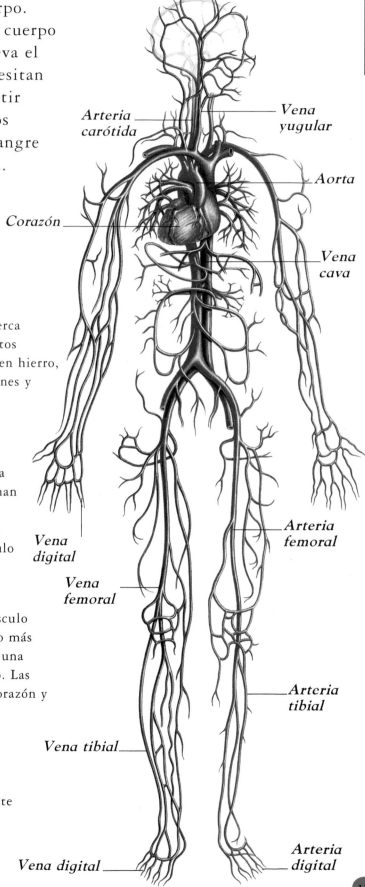

Arteria carótida

Vena yugular

Aorta

Corazón

Vena cava

Arteria femoral

Vena digital

Vena femoral

Arteria tibial

Vena tibial

Arteria digital

Vena digital

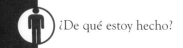
EL SISTEMA NERVIOSO

Este sistema permite que tu cuerpo reaccione al entorno a la **velocidad de la luz**. Funciona como una red de cables eléctricos, pero en lugar de energía lleva información. El centro de control es el cerebro que recibe señales de los órganos sensoriales, procesa la información y envía nuevas **señales** que le indican al cuerpo cómo reaccionar.

Las señales recorren los nervios a 400k/h

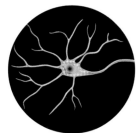

¿Qué es una neurona?

El sistema nervioso está formado por células, llamadas neuronas, que tienen fibras largas que transportan señales eléctricas. Las fibras de algunas neuronas miden varios metros.

Nervio

Los nervios son los cables principales del cuerpo y tienen cientos de fibras neuronales que llegan a cada rincón del cuerpo.

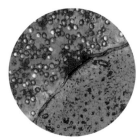

Cruzando el espacio

Cuando una señal eléctrica llega al final de una neurona, un pequeño espacio, llamado **sinapsis**, evita que salte a la siguiente célula. Unos químicos llamados neurotransmisores cruzan el espacio y la activan pasando la señal.

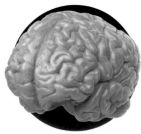

Centro de control

Tu cerebro tiene casi el tamaño de un coco y su superficie es arrugada como una avellana. Conecta el resto del sistema nervioso mediante un tubo de neuronas llamado **médula espinal**.

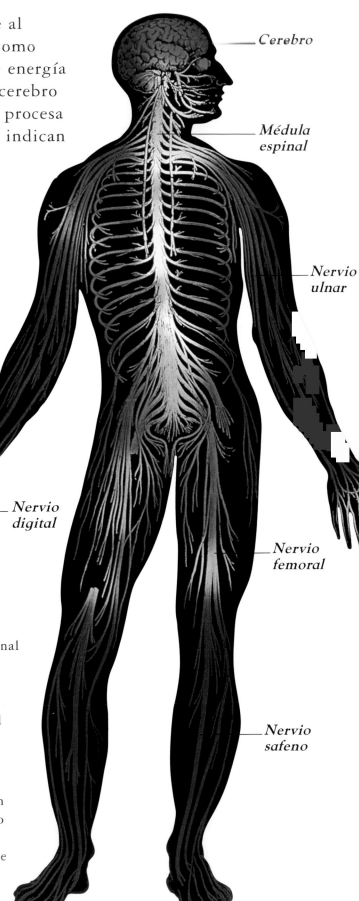

Cerebro

Médula espinal

Nervio ulnar

Nervio digital

Nervio femoral

Nervio safeno

EL SISTEMA DIGESTIVO

Todo lo que comes pasa por el sistema digestivo, que es un tubo largo y complicado que recorre el cuerpo y ocupa la mayor parte de tu panza. Los órganos digestivos producen unos químicos poderosos llamados **enzimas**. Estas atacan las moléculas grandes de alimento y las descomponen en fragmentos diminutos que el cuerpo puede **absorber**.

Una comida tarda entre 18 y 30 horas en recorrer tu cuerpo

Dientes

Son la parte más fuerte del cuerpo. Despedazan la comida y la mezclan con **saliva**, un líquido con enzimas digestivas. La mayoría de las personas tiene 32 dientes a los 21 años.

En tu estómago

Tu estómago se estira para almacenar comida y mezclarla con ácidos y enzimas hasta volverla un líquido cremoso y espeso. Una comida pasa hasta 4 horas en tu estómago.

Intestino delgado

Es un tubo largo y enredado que produce muchas enzimas diferentes para digerir el alimento. Este se absorbe en unos tubitos, o **villi**, que cubren la pared interna. La comida pasa hasta 6 horas en el intestino delgado.

¿Qué pasa con las sobras?

Las sobras no digeridas terminan en el intestino grueso, un tubo ancho que les absorbe el agua y luego las expulsa de tu cuerpo. En él crecen unas bacterias inofensivas que ayudan a absorber las vitaminas.

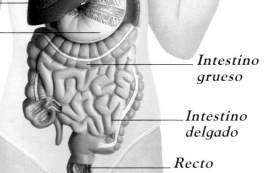

Glándula salival

Esófago

Hígado

Estómago

Intestino grueso

Intestino delgado

Recto

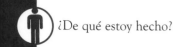
EL SISTEMA RESPIRATORIO

Todas las células de tu cuerpo necesitan oxígeno, el gas que da vida, que está en el aire. Tu sistema respiratorio absorbe el **oxígeno** y lo lleva a la sangre. Los órganos más importantes son los **pulmones** que succionan el aire cuando respiras. Funcionan como unas esponjas gigantes, pero en lugar de agua absorben aire.

Tú respiras 23.000 veces al día al aspirar y expirar cada vez

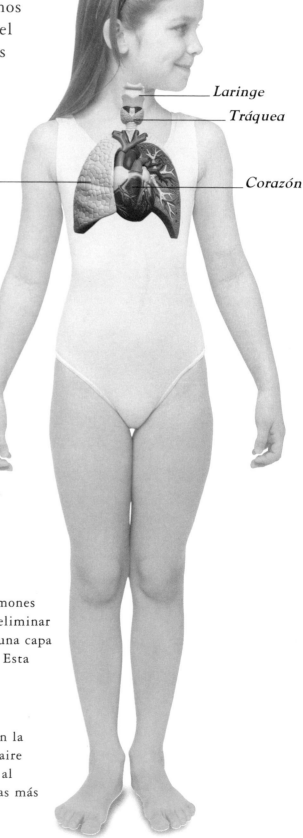

Laringe

Tráquea

Pulmón

Corazón

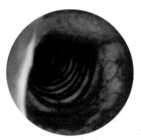

Adentro y afuera

El aire viaja a tus pulmones a través de un tubo en el cuello llamado **tráquea**. Esta se divide en branquias cada vez más pequeñas que forman un laberinto de vías aéreas que recorre los pulmones.

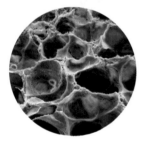

Bolsillos de aire

Las vías aéreas terminan en unos bolsillos diminutos llamados **alveolos**. En ellos fluye la sangre recogiendo oxígeno y desechando el dióxido de carbono. Tus pulmones tienen cerca de 600 millones de alveolos. Si los pusieras uno junto a otro cubrirían una cancha de tenis.

Limpiando

El aire tiene mugre y gérmenes que tus pulmones deben eliminar. Toser y estornudar ayuda a eliminar los peores. Además, las vías aéreas secretan una capa de **mucosa** pegajosa que atrapa la suciedad. Esta mucosa llega a la garganta y se traga.

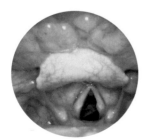

Haciendo ruido

Tu voz sale de una cámara llamada laringe en la parte alta de la tráquea. Cuando exhalas, el aire pasa entre dos tiras pequeñas de tejido que, al juntarse, **vibran** y producen sonido. Mientras más tensas estén más agudo es el sonido.

PIEL Y CABELLO

Casi 2 metros cuadrados de piel protegen a tu cuerpo de la suciedad, los gérmenes, el frío y las heridas. Esta capa gruesa y a prueba de agua es tu mayor órgano sensorial, pues está lleno de nervios que perciben el tacto, el dolor y el calor. La capa externa de la piel cambia continuamente, para lograr **reemplazarse por completo** casi una vez al mes.

Toda la superficie de tu cuerpo está muerta

Agárrate

Las arrugas de piel en remolino en la punta de tus dedos te ayudan a agarrar las cosas. A lo largo de las arrugas hay poros diminutos que secretan sudor y aceite para mejorar el agarre.

Capas de piel

La superficie de tu piel consiste en hojitas duras y secas de tejido muerto. Al tallarlas continuamente se pierden casi **10 billones**. La mayor parte del polvo de tu casa es de estas hojitas de piel muerta.

El cabello hoy

La parte alta de tu cabeza está cubierta por cabellos gruesos que mantienen tu cerebro caliente, el resto de tu cuerpo lo cubren cabellos más delgados llamados vellos. (Tienes tantos como un chimpancé.) Cada cabello tiene un **músculo diminuto** que lo eriza cuando sientes frío.

Sudor y olores

Produces casi medio litro de sudor por día. Tu piel produce dos tipos de sudor: ecrino, que te refresca y apócrino que te da **mal olor**. Tus glándulas de sudor apócrino son más activas cuando eres adolescente.

La piel más delgada está en los párpados.

La piel más sensible está en los labios.

Las palmas de las manos no tienen cabello.

La piel es floja y arrugada alrededor de las articulaciones.

La piel más gruesa está en las plantas de los pies.

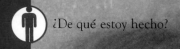

VISIÓN

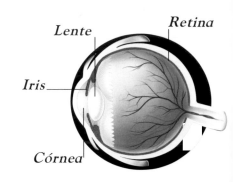

Lente
Retina
Iris
Córnea

OÍDO

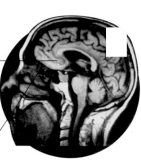

Oído interno
Tímpano
Canal auditivo

OLFATO

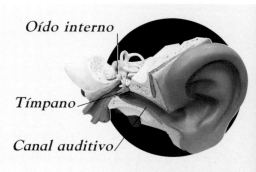

Centro olfativo del cerebro
Receptores olfativos

GUSTO

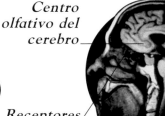

Amargo
Ácido
Ácido
Salado
Salado
Dulce

TACTO

Los cinco sentidos

LA VISTA es nuestro sentido principal. Podemos ver más colores y detalles que la mayoría de los animales, pero nuestra vista es terriblemente mala en la oscuridad. Cada ojo es una bola de 2,5cm de ancho de **gelatina** transparente que funciona como una cámara. La luz entra por un orificio llamado pupila y una lente la enfoca hacia la **retina**, una capa de células sensibles a la luz en la parte trasera del ojo. Estas células detectan el color y la intensidad de la luz y envían señales al cerebro, que construye una imagen.

LA AUDICIÓN es la capacidad de percibir las **vibraciones** invisibles del aire, el sonido. La extraña forma del oído externo conduce el sonido y ayuda a distinguir de dónde viene. El sonido pasa a lo largo de un canal delgado hacia el oído medio, donde un tambor en miniatura y un grupo de palancas diminutas transmiten las vibraciones del aire a un líquido del oído interno. Entonces las células nerviosas del oído interno envían las señales al cerebro.

EL OLFATO es la capacidad de sentir las moléculas de olor que flotan en el aire. Este sentido es más importante de lo que te imaginas. El sabor de la comida en realidad depende más del olfato que del gusto. Una persona promedio puede reconocer 4.000 olores diferentes, y una nariz bien entrenada hasta 10.000. Las moléculas de olor las detecta un parche de neuronas en lo alto de cada fosa nasal. Cuando una molécula de olor es igual a una neurona produce una señal.

EL GUSTO es la capacidad de detectar químicos simples en el interior de la boca. Cuando masticas, estos químicos se disuelven en la saliva y activan las papilas gustativas, sobre todo en la lengua. Los sabores más conocidos son dulce, salado, amargo y ácido, los cuales se localizan en partes diferentes de la lengua. Las papilas gustativas también detectan un químico llamado **glutamato** que hace que la comida sea sustanciosa y sabrosa.

Los receptores del **TACTO** cubren todo tu cuerpo. Diferentes tipos de receptor sienten diferentes tipos de tacto como la presión ligera o fuerte, los movimientos del cabello y la vibración. El tacto tiene mucho que ver con el movimiento: podemos explorar de **manera activa** los objetos con los dedos, los labios y la lengua. Con el puro tacto podemos identificar unas monedas incluso sin mirar dentro del bolsillo.

¿TENGO UN SEXTO SENTIDO?

El cuerpo humano tiene mucho más que cinco sentidos. Estos son algunos ejemplos de las cosas que tus sentidos especiales pueden detectar.

Gravedad

En lo profundo del oído hay unos sensores diminutos de gravedad llamados **otolitos**. Éstos le dicen al cerebro dónde es arriba y dónde abajo y así te dan equilibrio.

Movimiento

El oído interno tiene también sensores de movimiento que pueden percibirlo en cualquier dirección. Si giras sin parar dejan de funcionar bien y te sientes mareado.

Temperatura

Los sensores de temperatura de toda tu piel pueden distinguir el calor y el frío aun a la distancia. Los labios y la lengua son las partes más sensibles del cuerpo, pueden saber si una bebida está caliente o fría sin tocarla.

Dolor

El dolor es un sentido especial que se activa con los daños en el cuerpo. El dolor tiene un objetivo, pues hace que le prestes atención al área dañada. Las cosquillas y la picazón son una mezcla de tacto y dolor.

Músculos

Tus músculos contienen **sensores de estiramiento** que le dicen al cerebro lo que hace cada parte del cuerpo. Esto te hace consciente de todo tu cuerpo, sin él no podrías estar quieto, moverte o levantar cosas.

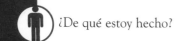

¿Eres alérgico al...?

| POLEN DE CÉSPED | POLVO CASERO | HECES DE ÁCARO | PELO DE GATO | MANÍES | PROTEÍNA DE TRIGO | ESTIÉRCOL DE CUCARACHA |

PREGUNTAS FRECUENTES

¿Por qué toso y estornudo?

Si los gérmenes entran por tu nariz o tu boca, el cuerpo intenta deshacerse de ellos. La tos y los estornudos los arrojan fuera de los pulmones y de las vías aéreas. El vómito y la diarrea eliminan los del estómago y los intestinos.

¿Por qué los cortes se inflaman?

Si los gérmenes entran bajo la piel, los glóbulos blancos los descubren rápido. Liberan el químico histamina que hace que la sangre corra por el área. La zona llena de sangre se **inflama**, es decir, se pone roja, hinchada, caliente y, por lo regular, sensible al dolor. La piel inflamada no siempre está dañada, solo indica que el sistema inmunológico hace su trabajo.

¿Qué hacen los anticuerpos?

Los anticuerpos son moléculas que identifican los gérmenes y se pegan a ellos. Hay millones de anticuerpos con formas diferentes flotando en los fluidos corporales. Cuando uno encuentra un germen que se adapta a su forma, se une a él y les dice a los glóbulos blancos que lo **ataquen**.

SISTEMA Inmunológico

Cada vez que estornudas, toses, vomitas o tienes un rasguño, un corte, una mordida, una hinchazón, un salpullido, un grano, un resfrío, un malestar estomacal, flujo nasal, diarrea o temperatura, estás viendo en acción al **sistema inmunológico**.

Tu sistema inmunológico nunca deja de cazar **gérmenes** y de hacer todo lo posible por aislarlos, destruirlos o sacarlos del cuerpo. El dolor también es parte de una reacción inmunológica, te dice ¡**quita las manos**!

Tu *sistema inmunológico* es una

| PICADURAS DE INSECTOS | ESPORAS DE MOHO | CONCHAS MARINAS | HIEDRA VENENOSA | PENICILINA | LÁTEX | DETERGENTE |

¿Por qué soy alérgico?

Tu sistema inmunológico debe enfrentarse a miles de invasores diferentes, desde virus hasta gusanos carnívoros. Con tanto trabajo que hacer, es lógico **cometer errores**. A veces ataca sustancias inofensivas (alergenos) como si fueran gérmenes y esto es lo que causa las **alergias** y el **asma**. Si creces en una casa muy limpia eres más propenso a desarrollar alergias, pues el sistema inmunológico no tiene mucha práctica con los gérmenes reales.

Los síntomas de una alergia dependen de dónde toca tu cuerpo el alergeno, o por donde entra en él.

VÍAS AÉREAS

Estornudos, tos y dificultad para respirar pueden ocurrir cuando respiras un alergeno como el polvo o el polen.

BOCA

Las alergias de alimento hacen que tu boca hormiguee y tus labios y lengua se hinchen.

PIEL

Si tu piel toca algo que le cause alergia pueden salir erupciones o ampollas. Algunas de las erupciones alérgicas son ronchas que dan picazón como las que producen las ortigas.

TRACTO DIGESTIVO

Si ingieres alergenos, el sistema digestivo reacciona como si hubiera gérmenes e intenta eliminar la comida. Puede causar dolor de estómago, vómito y diarrea.

¿Por qué no me autodestruyo?

Tu sistema inmunológico atacaría tus propias células si no tuvieran una especie de etiqueta molecular. Esta se forma de varias proteínas llamadas Complejo Principal de Histocompatibilidad (CPH); es **absolutamente único** y exclusivamente tuyo.

¿Qué tiene que ver el sexo con esto?

Los gérmenes se reproducen muy rápido y siempre cambian. Algunas formas nuevas escapan del sistema inmunológico disfrazándose de proteínas del CPH. Una de las razones de la reproducción sexual es vencer estos gérmenes, pues da a todos diferentes proteínas del CPH y revuelve la combinación celular que nos protege.

¿Puede olerse el verdadero amor?

Algunos científicos piensan que escogemos de manera instintiva la pareja que dará a nuestros hijos proteínas del CPH variadas y así un sistema inmunológico fuerte. Al parecer lo hacemos con el **olfato**. Por lo general, la gente prefiere el olor corporal de una pareja cuyos genes del CPH son totalmente diferentes.

de las partes más individuales de TI

¿QUÉ ME HACE SER ÚNICO?

Aunque todos estamos hechos con el mismo diseño, también somos completamente diferentes. Hay cientos de cosas que te hacen diferente a los demás, desde tu gusto musical y tu sentido del humor hasta el sonido de tu voz y la forma de tu cara.

¿Entonces qué te hace único?

Parte de la respuesta está en tus genes. Tus padres necesitarían tener otros

1.000.000.000.000.000

bebés para poder tener otro niño con los mismos genes que tú. Otra parte de la respuesta está en las experiencias que forman tu personalidad mientras creces.

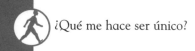
SOLO TUYO

Imagina que alguien roba tu identificación, se hace una cirugía plástica para verse igual que tú y luego **pretende ser tú**. ¿Podría lograrlo? Afortunadamente, hay cientos de maneras de probar que tú eres el tú

HUELLAS DIGITALES

ESPIRAL

COMPUESTA

Núcleo

Punto de la cresta

ARCO

CURVA

Lago

Delta

Los patrones de las yemas de los dedos son absolutamente únicos. Incluso los **gemelos idénticos** poseen diferentes patrones aunque sus huellas de pies y manos sean muy similares. Las huellas digitales son iguales toda la vida, incluso si te dañas la piel, vuelven a crecer como antes. La izquierda y la derecha parecen el reflejo una de otra, pero si las ves con cuidado verás que son únicas.

IRIS

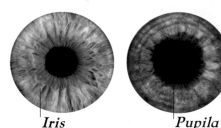

Iris   *Pupila*

La parte de tu ojo que tiene color es el iris y es tan única como una huella digital. Cada iris tiene un complicado patrón de líneas y espacios que un lector de iris puede leer como un código de barras (abajo). Los lectores de iris no son infalibles, pues tu iris cambia cuando estás enfermo y puedes ocultar tu identidad con lentes de contacto.

LECTOR DE IRIS

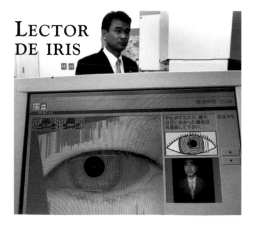

SISTEMA INMUNOLÓGICO

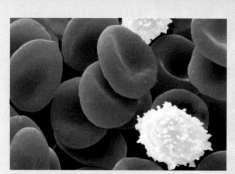

Tus glóbulos blancos pueden distinguirse de los de otras personas.

Tu sistema inmunológico puede distinguir tus células de las de los demás. Si células extrañas (como gérmenes) entran en tu cuerpo, tus glóbulos blancos las distinguen y las atacan. Sin embargo, este sistema funciona tan bien que tu cuerpo intentará **rechazar** los órganos transplantados de otra persona, aún cuando los necesites. Los transplantes funcionan mejor entre parientes cercanos sobre todo entre gemelos idénticos cuyos sistemas inmunológicos no pueden ver las diferencias.

¿Cómo probarías que tú eres el verdadero *tú*?

real, y todas están basadas en el hecho de que todos somos **biológicamente únicos**. Algunas de estas pruebas son tan efectivas que la policía las usa para atrapar criminales con las pocas pistas que dejan en la escena del crimen.

ADN VOZ FIRMA

Una buena manera de demostrar quién eres es una **huella** de **ADN**. Esto se hace dividiendo en fragmentos una muestra de tu ADN y luego colocándolos en una gelatina para hacer un patrón de bandas. La policía usa las huellas de ADN para descubrir la identidad de alguien en la sangre, el cabello u otros tejidos del cuerpo que aparecen en la escena del crimen. De acuerdo con algunos expertos, la posibilidad de que haya dos personas con las mismas huellas de ADN es de 1 en 5.000 billones de billones.

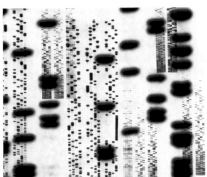

Los patrones de bandas de ADN pueden usarse para saber quiénes son tus parientes o para hacer huellas de ADN únicas.

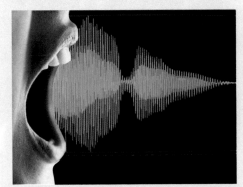

Aunque tu voz cambia con tu estado de ánimo, con tu léxico, es decir, con las palabras que sueles usar y con la edad, hay algunos tonos que **permanecen únicos** toda la vida y te distinguen. Un analizador de voz puede extraer y reconocer estos sonidos incluso por teléfono. Algunos de los bancos más poderosos usan aparatos para revisar la identidad de sus trabajadores por medio de la voz de cada uno de ellos.

Los analizadores de voz convierten la voz de una persona en un patrón de líneas en una computadora.

Todos tenemos una **escritura** distintiva y los grafólogos aseguran que con ella pueden conocer la personalidad de alguien. La forma tradicional de mostrar la identidad es con la firma. Esta se hace con un movimiento rápido, exagerando tu estilo de escritura de manera que sea difícil de imitar. Pero las firmas no son infalibles para demostrar la identidad, pues suelen juzgarse con la vista.

El código genético tiene sólo cuatro letras.

¿Qué es un GEN?

La palabra gen tiene varios significados, pero en esencia es una instrucción que le dice a tu cuerpo cómo funcionar. La instrucción se almacena como un código en una molécula de ADN.

ADN
Ácido Desoxirribonucleico

Núcleo

CROMOSOMAS

CÉLULAS

Tú compartes 99% de los genes con un chimpancé, 85% con un ratón y 50% con una banana.

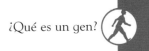

Gen puede significar…

- una extensión de ADN • un código para hacer una proteína
- una instrucción que le dice a una célula qué hacer
- un controlador que activa o desactiva otros genes
- algo que heredas de tus padres, una unidad de herencia

EL ADN TIENE GENES. Es una molécula ultralarga, pero ultradelgada. Tiene la forma de una escalera de caracol y sus peldaños forman un código simple con solo cuatro letras: **A**, **C**, **G** y **T** (las letras son por los químicos que tiene). Un gen es un segmento de ADN que contiene una **secuencia de letras** particular, como el párrafo de un libro. En la mayoría de los genes, la secuencia de letras es un código para la secuencia de diferentes unidades (aminoácidos) en una molécula de proteína. Los genes llevan el código para muchos miles de proteínas diferentes.

TCACCG
TGGTGGGCCT
TGTGGGTGCCTT
CCGAATTC GA ATT
CCCTTGTGGATGCC
AATATACGCATATA
GGCACACGTGG
TGGGCCTTGT
GGGTGCC

LOS CROMOSOMAS TIENEN ADN. Tu ADN debe encajar en un espacio diminuto, por ello se coloca de manera ingeniosa. Cada molécula de ADN está enrollada para formar un hilo, el hilo se enrolla para formar un cordón, etc. (Igual que las fibras se tejen para hacer una cuerda). El resultado final es una estructura gruesa con forma de X llamada **cromosoma**. Son muy pequeños para verlos a simple vista, necesitarías casi 100.000 juntos para formar un punto. Aun así, cada cromosoma tiene 2 metros de ADN.

LAS CÉLULAS TIENEN CROMOSOMAS. Cada célula de tu cuerpo (con algunas excepciones) tiene un conjunto de 46 cromosomas apretados en el núcleo de la célula. Este conjunto completo de cromosomas tiene **todos tus genes**, de modo que tienes un grupo de genes completo en cada célula. ¡Eso es **muchísimo** ADN! Si desenredaras el ADN de cada cromosoma de cada célula de tu cuerpo y lo ataras uno tras otro, uniéndolo de principio a fin, tu ADN llegaría de ida y vuelta hasta el Sol **400 veces**. Sin embargo, toda la información de tus genes cabría en un **solo CD**.

TODO TU ADN = TU GENOMA. El ADN de un grupo de cromosomas forma tu **genoma**. Hay solo 30.000 genes que funcionan en el genoma humano, el resto del ADN es chatarra. El genoma humano es muy similar al de otras especies, incluso al de las bananas porque todos los organismos comparten los mismos ancestros y la mayoría de nuestros genes se relacionan con los engranajes que hacen funcionar las células. La **evolución** solo necesita trabajar con unos pocos genes para marcar una gran diferencia en cómo se ve y funciona nuestro cuerpo.

¿De dónde son mis GENES?

Tus genes vienen de tus padres, los suyos de sus padres y así hasta el primer ser vivo que existió. Los genes pasan por las familias y por ello tal vez te parezcas a tus padres. Las características físicas como las **pestañas largas**, el **cabello castaño**, las **pecas** y los **ojos azules**, pasan por las familias porque las controlan los genes.

La mitad de tus genes es de tu madre y la otra mitad de tu padre

Llegaron a ti por medio de los **cromosomas** del esperma y de los óvulos. Estas células tienen solo 23 cromosomas, la mitad de los comunes. Cuando se juntan y forman un embrión, crean una nueva persona con un grupo completo de 46 cromosomas.

46 CROMOSOMAS — MAMÁ

46 CROMOSOMAS — PAPÁ

23 PASAN A TI

46 CROMOSOMAS — TÚ

PASAN A TI 23

En realidad tienes **dos grupos**: uno de tu madre y otro de tu padre. Estos dos **genomas** te dan una combinación de sus características. Por ejemplo, tal vez tengas el cabello de tu madre y los ojos de tu padre.

Cada niño en la familia es diferente porque los genes de tus padres están **revueltos** y se dividen en dos antes de hacer un esperma y óvulo. Así cada niño tiene un conjunto único de genes (excepto para los gemelos idénticos).

Tu genoma es un **mosaico** de genes de todos tus abuelos

¿Qué es un gen dominante?

Como tienes dos grupos de genes, tienes **dos opciones** para todo. Por ejemplo, el color de los ojos. Para eso tienes genes de ambos padres, pero tal vez tengas un gen para ojos cafés de tu madre y uno para azules de tu padre. Algunas veces una opción tiene prioridad sobre la otra, la llamamos gen dominante. Por ejemplo, el gen de ojos cafés es, por lo regular, dominante sobre el de los azules.

Si un padre tiene ojos azules…

y el otro los tiene cafés…

…*probablemente* tú los tendrás cafés también.

Los genes sobre los que se imponen los genes dominantes se llaman **recesivos**. Para que un gen recesivo surta efecto necesitas dos copias, una de cada padre. **Levanta el dedo pulgar.** Si puedes doblar la punta hacia atrás tienes "pulgar de viajero", causado por dos genes recesivos. Es común que características como esta salten una generación: presentes en los abuelos y los nietos, pero no en los padres.

¿Qué hace que sea niño o niña?

Dos de los 46 cromosomas son especiales, pues controlan el sexo. Estos **cromosomas sexuales** tiene forma de **X** y **Y**. Si tienes dos X eres niña (por lo regular), si tienes una X y una Y eres niño. En los niños todos los cromosomas X surten efecto sean o no dominantes, ya que no hay otra X que los complete. Esto hace que sean más susceptibles a defectos genéticos como el daltonismo.

Niño

Niña

Algunos genes tienen un efecto obvio y muy simple. Por ejemplo, un solo gen puede hacer que seas daltónico o que tengas el cabello castaño. Entonces pensarías que hay un gen para todas tus características, desde la forma de tu cara hasta el largo de tus piernas. Sin embargo, la verdad no es tan simple. En muchas de tus características, quizás la mayoría, participan varios genes unidos. Tu **altura**, tu **vista**, la **textura de tu piel**, el **sonido de tu voz**, el **color de tu cabello**, etc., dependen de la combinación de genes que tengas.

Las cosas se complican aún más cuando se trata de los genes que afectan el cerebro. Ciertamente influyen en qué tan inteligente, abierto, aventurero o creativo eres. Pero no **determinan** tu personalidad, solo **influyen** en cómo se desarrolla. Igual que lo hacen otros factores como tu familia, tus amigos, las decisiones que tomas en la vida y la suerte.

¿Por qué no soporto la leche?

Si odias la leche, no eres el único. La mayoría de las personas del mundo son **intolerantes a la lactosa**, es decir, la leche les produce dolor de estómago, indigestión o cosas peores. La causa es un **gen recesivo**. La mayoría de las personas asiáticas y afro-caribeñas tienen este gen, pero los del noroeste de Europa no. Los científicos piensan que los europeos desarrollaron un gen diferente cuando, hace miles de años, empezaron a tener ganado y a beber leche de vaca.

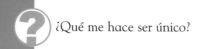
PRUEBA TUS GENES

1

ENROLLAR LA LENGUA

¿Puedes enrollar la lengua en forma de U? (no aprietes los labios, pues harías trampa.)

2

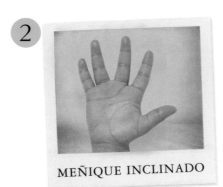

MEÑIQUE INCLINADO

Si la parte superior del dedo meñique está inclinada hacia el dedo siguiente, tienes un meñique inclinado.

3

NARIZ CONVEXA

Una nariz que se curva hacia afuera y no hacia adentro se llama nariz convexa o romana.

5

BARBA PARTIDA

Una abertura en la punta de la barbilla se llama barba partida. La causa un solo gen dominante.

6

PICO DE VIUDA

El pico de viuda es la forma de V en la frente, se ve cuando te peinas hacia atrás.

7

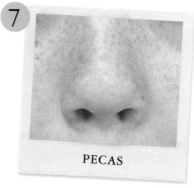

PECAS

Las pecas son puntos más oscuros en la piel. Se ven más cuando estás bronceado.

9

HOYUELOS

Los hoyuelos aparecen en una o en ambas mejillas cuando sonríes.

10

DEDO DE VIAJERO

Si tu pulgar se inclina hacia atrás más de 30°, tienes dedo de viajero, lo causa un gen recesivo.

11

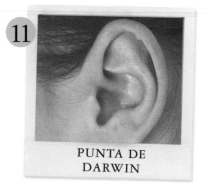

PUNTA DE DARWIN

Siente el pliegue externo de la oreja para ver si tienes una burbujita de piel llamada punta de Darwin.

Haz la prueba de los genes. La mayoría de estas características son causadas por un gen dominante.

④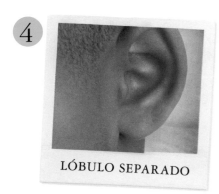

LÓBULO SEPARADO

Si el lóbulo de tu oreja cuelga en el fondo, tienes gen dominante, si no tu gen es recesivo.

⑧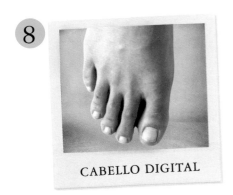

CABELLO DIGITAL

Si te crece cabello en la parte media de los dedos de pies o manos tienes el gen para el "cabello digital".

⑫

ESTRECHAR LAS MANOS

¿Cuando juntas las manos, qué pulgar está arriba? La forma que sea cómoda se debe, en parte, a los genes.

¿QUÉ SIGNIFICA?

Culpa a tus padres

Todos tus genes vienen de tus padres, por ello cualquier característica causada por un gen dominante estará, probablemente, en uno de ellos. Si puedes enrollar la lengua, es probable que también tu padre o tu madre puedan. Y por lo menos alguno de tus cuatro abuelos tendrá el gen dominante.

Sé un detective de ADN

Con un poco de trabajo de detective, haciendo un árbol genealógico, puedes rastrear el camino que los genes han recorrido en la familia. Reúne fotos de tus parientes y pégalas en un papel grande, con líneas que marquen quién se relaciona con quién. Revisa en todos los genes de esta página y escribe los resultados bajo las fotos.

¿Eres daltónico?

Si no puedes ver un número en este círculo de puntos de colores, tal vez seas daltónico. El daltonismo lo causa un **gen recesivo** en el cromosoma X. Las niñas que heredan el gen tienen, por lo regular, visión normal, pero los niños se vuelven daltónicos. Revisa si en tu familia hay daltónicos. Si tú o algún hermano es daltónico, es probable que el gen venga de tu madre.

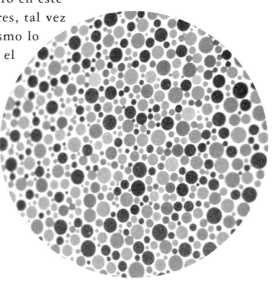

PROBLEMA

PREGUNTAS FRECUENTES

¿Cómo se forman los gemelos?

Los gemelos idénticos se forman cuando, por razones desconocidas, un embrión se separa y se desarrolla como dos bebés diferentes. Los **gemelos fraternales** son diferentes, se forman cuando dos espermas fertilizan dos óvulos diferentes. Igual que los hermanos ordinarios, solo comparten la mitad de los genes, pero se desarrollan al mismo tiempo y comparten la matriz.

Jim y Jim

Es común que los gemelos idénticos que crecen separados se vuelvan increíblemente similares. Jim Springer conoció a Jim Lewis en 1979, cuando tenían 40 años. Tenían voces idénticas, tenían sobrepeso y presión alta, hemorroides, migrañas y se mordían las uñas. Iban a la misma playa en vacaciones y los dos tuvieron un perro llamado Toy. Ambos eran buenos carpinteros y habían construido una reja blanca alrededor de un árbol en el jardín.

¿Los GEMELOS son de

Imagina cómo sería la vida si hubiera dos como tú. Así pasa con los gemelos idénticos. Para los científicos, los gemelos son como los clones, pues tienen los **mismos genes**. Por esto, los gemelos nos dan una idea fascinante sobre cuánto afectan los genes en nuestra personalidad.

¿QUÉ NOS DICEN LOS

Como los gemelos idénticos tienen los mismo genes, cualquier diferencia entre ellos puede deberse al ambiente de crecimiento (o a la suerte). Estudiando la personalidad de muchos gemelos (sobre todo de los adoptados al momento de nacer y que crecen en familias diferentes), los científicos pueden saber cuánto de la variación de cada rasgo se debe a los genes. En otras palabras, los estudios con gemelos pueden ayudarnos a separar los efectos de la naturaleza de los de la crianza.

DOBLE

veras IDÉNTICOS?

¿Cuán idénticos son?

Algunos gemelos idénticos son más parecidos que otros. La mayoría comparte el 100% de los genes, pero pocos llegan a compartir solo el 75%. Se piensa que estos **gemelos casi idénticos** se forman cuando un óvulo se divide *antes* de ser fertilizado por dos espermas diferentes. Si la división se da justo *después* de la fertilización, los gemelos idénticos se desarrollan cada uno en su propia placenta. Pero si la división se da 4 ó 5 días después, comparten la placenta y pueden volverse gemelos **imagen-espejo**. Si un embrión se separa después de dos semanas de la fertilización, es posible que las células no se separen por completo y resulten **gemelos siameses**.

PREGUNTAS FRECUENTES

¿Qué son los gemelos imagen-espejo?

Un cuarto de los gemelos idénticos son también gemelos imagen-espejo, es decir que en algunos aspectos son como el reflejo en un espejo del otro. Sus huellas digitales y los remolinos del cabello son como reflejos y quizás tengan el mismo patrón de lunares y marcas de nacimiento, pero en lados opuestos del cuerpo.

STUDIOS SOBRE GEMELOS?

LOS RESULTADOS

Los estudios en gemelos revelan que los genes influyen mucho en...

- cómo te ves
- tu necesidad de usar lentes
- tu tendencia a engordar
- los problemas médicos que tengas
- los principales aspectos de tu personalidad (mira la pág. 68)
- el fervor de tus creencias (pero no en las creencias)
- la duración de tu vida
- tu cociente intelectual

Sin embargo, los genes tienen menor influencia en...

- si eres diestro o zurdo
- la comida que te gusta
- tu sentido del humor

¿Qué son los siameses?

Los siameses son gemelos idénticos que no se separan completamente y nacen físicamente unidos. Algunas veces solo los une un pedazo de piel y músculo, y es fácil que los médicos los separen. En otros casos, los siameses comparten órganos internos como el cerebro o la médula espinal y separarlos es muy difícil y peligroso.

¿Cómo me DESARROLLÉ?

Tus genes controlan el sorprendente proceso de **desarrollo** que te transforma de una célula única en un cuerpo con 100 trillones de células. Desde el principio, tu **entorno** es importante para hacerte único, y sigue siendo una influencia durante toda tu vida, pues tu cerebro sigue aprendiendo y cambiando.

¿Cómo empecé?

¿Con qué rapidez crecí?

¿Cuándo aparecieron mis ojos?

¿Cuándo se formaron mis huellas digitales?

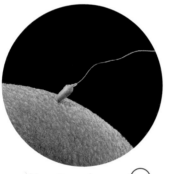

Tamaño real (mira de cerca)

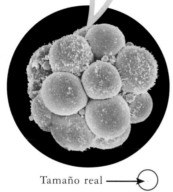

Tamaño real

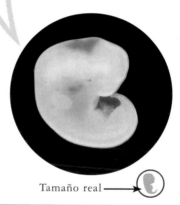

Tamaño real

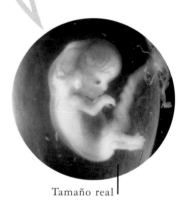

Tamaño real

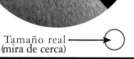

DÍA 1

Pasas la primera media hora como una sola célula de menos de un décimo de milímetro de ancho. Esta célula, llamada **embrión**, se forma cuando el esperma de tu padre se une a un óvulo de tu madre. Los genes de ambos se juntan en el núcleo de la célula y te dan un genoma único.

3 DÍAS

No creces mucho en los primeros días, pero te divides. La célula única se divide en 2, luego en 4, luego en 8 y así sigue, duplicándose cada vez. Después de una semana hay cientos de células y después de quince días el cuerpo empieza a tomar forma. A las tres semanas ya tienes el tamaño de un **grano de arroz**.

4 SEMANAS

A las 4 semanas te ves como un **camarón** y tienes cola. Tu cabeza crece sorprendentemente rápido y es casi la mitad del cuerpo. Los brazos empiezan a formar brotes y unos puntos oscuros marcan el inicio de tus ojos. Si tu madre no se alimenta bien en este momento es probable que engordes cuando seas adulto.

8 SEMANAS

A las 8 semanas ya pareces humano, pero en parte eres **transparente**. Tus ojos, nariz, labios e incluso tus dientes se están formando y tu corazón empieza a latir. A las 12 semanas ya puedes mover los brazos y las piernas, tus huellas digitales se han formado, puedes tragar y orinar y tu cerebro ya funciona.

¿Cuándo me chupé el pulgar por primera vez?

¿Cuándo empecé a soñar?

¿Cuándo se abrieron mis ojos?

¿Cuándo escuché por primera vez?

¿Cuándo reconocí la voz de mi madre?

¿Qué podía hacer al nacer?

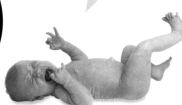

16 SEMANAS

Ya tienes casi el tamaño de un **limón** y eres mucho más activo. Ya puedes cerrar los puños, chuparte el pulgar, hacer expresiones faciales y agarrar el cordón umbilical que te conecta a tu madre. Empiezas a **escuchar**, pero tus ojos aún no se abren.

20 SEMANAS

Tus niveles de actividad se muestran en este nivel. Por ejemplo, quizás patees mucho o des saltos. Si es así, tal vez también seas ruidoso y activo después de nacer. Escuchas bien y los sonidos fuertes pueden hacerte saltar. Tu sentido del gusto se ha desarrollado y prefieres las cosas dulces. Todo tu cuerpo está cubierto de **pelo fino** que desaparece después.

24 SEMANAS

Entre las 22 y las 24 semanas se abren los ojos. No puedes ver mucho, pues la matriz es oscura, pero puedes ver la luz del sol como un brillo rosado. Tu oído es tan bueno que puedes reconocer la **voz de tu madre**. Cuando duermes, sueñas casi todo el tiempo.

NACIMIENTO

Puedes respirar, chupar y tragar desde el momento de nacer. Puedes llorar, toser, estornudar y parpadear y tus sentidos del olfato y el oído son muy buenos. Sin embargo, tu vista es pobre, aunque puedes distinguir colores y ver caras, solo puedes ver las cosas con claridad si están cerca. Y, por supuesto, no sabes qué son.

¿Cómo aprendí a
hablar?

¿Cuándo
empecé a
sonreír?

¿Cuándo
empecé a
caminar?

¿Cuándo se empezó
a mostrar mi
personalidad?

6 MESES

El tamaño de tu cerebro es ya de un cuarto del tamaño de un adulto y se duplica en sólo 6 meses. Tu vista mejora con rapidez y es casi perfecta a los 6 meses. Te fascinan las caras y puedes imitar las **sonrisas** y los gestos de tus padres desde que naces. A las 6 semanas puedes sacar la lengua, a los 5 meses reconoces tu nombre y a los 6 puedes sentarte.

1 AÑO

Cada día, tus células cerebrales hacen billones de conexiones nuevas a medida que el cerebro aprende a controlar tu cuerpo y a entender el mundo. Tu cerebro crece más rápido que el resto del cuerpo y la **cabeza se ve grande** en comparación. Empiezas a caminar entre los 12 y los 18 meses, pero tu equilibrio es pobre al principio y tu cabeza grande te hace inestable.

18 MESES

Has practicado el lenguaje casi desde el nacimiento, **balbuceando** las vocales y las consonantes que escuchas a tu alrededor. A los 18 meses puedes entender cientos de palabras y quizás decir algunas. Tu personalidad empieza a mostrarse. Tus padres sabrán si eres tímido o sociable, ruidoso o callado, nervioso o tranquilo.

2 AÑOS

Tu cerebro tiene tres cuartos del tamaño del de un adulto y aprendes más rápido que antes. Si eres como la mayoría, puedes decir casi 300 palabras y hacer oraciones, pero tal vez sea difícil que te entiendan. **Tu sentido del** yo empieza a desarrollarse: puedes reconocerte en un espejo o fotografía y empiezas a usar las palabras "yo" y "mío".

¿Cuándo empezó mi *memoria?*

¿Cuándo empecé a decir *mentiras?*

¿Cómo sé para qué soy *buena?*

¿Cuántas *palabras* conocía a los 3 años?

¿Cómo *aprendí* a leer?

3 AÑOS

Aprendes hasta 10 palabras cada día y quizás ya sepas 1.500 de las 30.000 que aprenderás en tu vida. Tu cerebro empieza a tener **memoria** a largo plazo. Tu sentido del equilibrio mejora y te hace menos torpe. Durante el año o dos años siguientes aprenderás a correr, saltar, atrapar pelotas y atarte los cordones.

4 AÑOS

Tus habilidades sociales mejoran y eres más consciente de lo que los demás piensan. Esto te hace ser mejor para **mentir** y engañar a las personas. Las amistades se vuelven importantes y empiezas a ver a otros niños como individuos y juegas con ellos de forma cooperativa. Pero eres muy imaginativo y puedes jugar solo.

5 AÑOS

Tu cerebro es casi del tamaño de un adulto. Quizás ya vas a la escuela y empieces a leer entendiendo cómo se unen las letras para formar palabras. Ya tienes muchos recuerdos a largo plazo, incluyendo momentos emocionantes como las vacaciones, la Navidad, el primer día de escuela, pero tus recuerdos solo llegan a los tres años.

6–10 AÑOS

Durante estos años dominas **habilidades físicas** difíciles como montar en bicicleta, nadar, patinar y jugar a la pelota. También te haces hábil con las manos y eres mejor para escribir, dibujar o teclear. Tu sentido de identidad crece, empiezas a compararte con los demás y te das cuenta de para qué eres bueno.

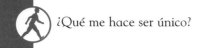
¿Por qué soy torpe?

¿Por qué cambia mi ánimo?

¿Por qué tengo pies tan grandes?

¿Por qué cambia mi figura?

11–12 AÑOS

NIÑAS 13-17 AÑOS

Estos años marcan el inicio de la **adolescencia**, el período en el que cambias de niño a adulto. El momento en el que tus órganos sexuales empiezan a trabajar se llama **pubertad** y la edad en que sucede varía mucho de una persona a otra. La adolescencia es un período de cambios profundos, no solo en tu cuerpo, sino también en el cerebro.

Los ovarios liberan la hormona sexual femenina **estrógeno**. Esto ocasiona un mayor crecimiento alrededor de los 11 años y quizá, durante unos años, seas más alta que los niños de la misma edad. Una vez que empiezan los períodos, no crecerás más de 6cm. La pubertad ocurre, por lo regular, a los 11 ó 12 años, pero puede ser desde los 8 ó hasta los 16. Uno de los factores principales que influyen en el momento de la pubertad es el **peso**: y generalmente las niñas empiezan a tener períodos cuando el cuerpo llega a los 45kg.

- Tus senos empiezan a desarrollarse.
- Tus brazos y tus piernas se alargan; el torso crece después.
- Empiezas a tener períodos menstruales.
- Crece el vello púbico y, después del inicio de los períodos, crece bajo los brazos.
- Las caderas se ensanchan y siguen creciendo hasta cercanos los 20.
- El cambio en los niveles hormonales es responsable en parte de tus cambios de humor.
- Pasas menos tiempo con la familia y más con los amigos.
- Te gustan más los niños.
- Tienes más **conciencia de ti misma**.

> ¿Por qué me desarrollo más despacio que otros?

> ¿Por qué me preocupo tanto por mí misma?

> ¿Por qué tengo granos?

> ¿Seguiré cambiando mientras crezco?

NIÑOS 13-17 AÑOS

18 y más AÑOS

Los testículos liberan la hormona sexual masculina **testosterona**. Esto ocasiona un mayor crecimiento alrededor de los 13 años haciendo que crezcas hasta 12cm en un solo año. El crecimiento se da desde **afuera**: primero las manos y los pies, luego brazos y piernas, luego el torso. Los huesos crecen más rápido que los músculos, esto te vuelve inestable, y tu cerebro debe aprender a equilibrar tu cuerpo y te vuelves torpe. La pubertad es cuando empiezas a producir esperma, alrededor de los 13 ó 14 años.

- Crece el vello púbico.
- Empiezas a producir esperma.
- El aumento de testosterona puede producir granos (acné).
- Hasta un tercio de los niños desarrolla senos más grandes al principio, hasta que aumentan los niveles de testosterona.
- Tu voz se hace profunda, a veces repentinamente.
- Casi dos años después de aparecer el vello púbico, el cabello crece en la cara, las piernas, los brazos y las axilas.
- El pecho y los hombros se ensanchan.
- Tu cara cambia de forma y la mandíbula se vuelve más cuadrada.
- Los músculos de tu cuerpo ganan volumen hasta alrededor de los 20 años de edad.

Cuando te acercas a los 20, tu cuerpo y tu cerebro dejan de cambiar tan rápidamente y te vuelves más consciente de ti mismo, independiente y seguro en la sociedad. Tu personalidad seguirá cambiando toda tu vida mientras desarrollas una profesión, te relacionas y buscas tus propios intereses.

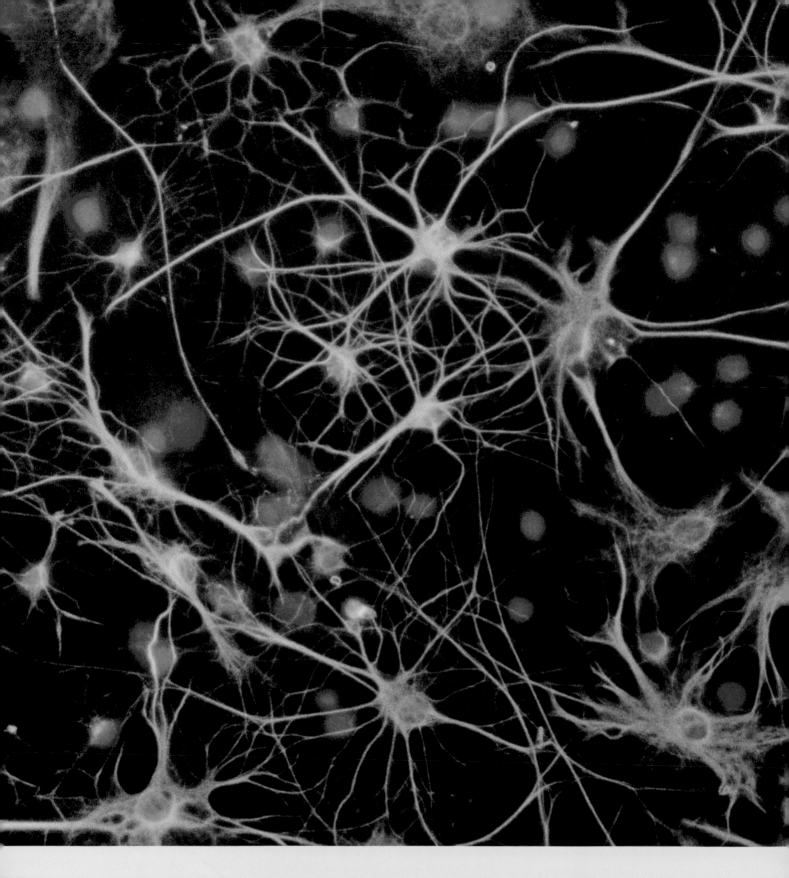

¿CÓMO FUNCIONA MI CEREBRO?

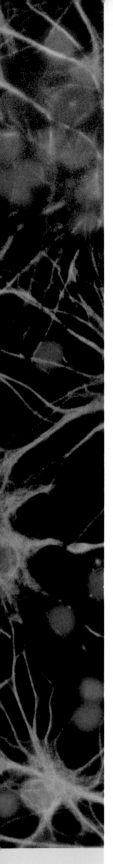

> El cerebro es el órgano
> que crea tu verdadero yo.
>
> Todos tus pensamientos, emociones y
> memorias —así como todo lo que
> sientes— se crean en este pedazo
> de tejido del tamaño de una calabaza.
>
> Su funcionamiento exacto es un misterio,
> pero el secreto parece estar en la manera
> como se conectan sus 100 billones de
> neuronas, que forman un laberinto de
> circuitos eléctricos más complicado que el
> de cualquier computadora. Y a diferencia
> de estas, el cerebro modifica el cableado y
> cambia cuando aprende.

Hay más circuitos posibles en tu

A veces se dice que el **lóbulo frontal** es el lugar del pensamiento consciente, la planeación, la voluntad, pero también otras partes del cerebro participan.

¿CÓMO FUNCIONA MI CEREBRO?

LÓBULO

Tu cerebro es color café rosáceo, del tamaño de casi dos puños y tiene la consistencia de la gelatina. Su superficie arrugada se divide en **lóbulos**, de los que antes se pensaba que tenían una tarea diferente cada uno, igual que los órganos del cuerpo. Aunque hay algo de cierto, el cerebro es más complicado. Puede dividir el trabajo entre muchos lóbulos y cambiar la forma de trabajar si se lo daña.

¿Un cerebro o dos?

Cada parte del cerebro se repite a ambos lados, entonces en realidad tienes **dos cerebros** en uno. Al parecer las dos mitades tienen diferentes caracteres y habilidades y "hablan" entre sí. Necesitas las dos para hacer muchas cosas, por ejemplo, si escuchas una broma, es el lado izquierdo el que escucha la historia, pero el derecho el que la entiende.

cerebro que átomos en el universo

El **lóbulo parietal** es importante para el movimiento, la sensación y la orientación.

La función principal del **lóbulo occipital** es procesar la información que llega de los ojos.

Corteza cerebral

La superficie arrugada del cerebro se llama corteza cerebral. Es aquí donde ocurre el **pensamiento**, sobre todo en la frente. La mayor parte del resto se encarga de la información de los sentidos, en particular la vista y el oído. La corteza se divide en izquierda y derecha, cada mitad con cuatro lóbulos principales. Como en la imagen.

Cerebelo

El cerebelo ayuda a coordinar los **movimientos** del cuerpo y al equilibrio. Pero igual que la mayoría de las partes del cuerpo, participa en muchas otras tareas en lugar de especializarse. Los descubrimientos recientes demuestran que es importante para el lenguaje, la vista, la lectura y la planificación.

Tallo cerebral

En la base del cerebro está el tallo cerebral, vital para los sistemas que mantienen la vida. Mantiene al corazón latiendo, a los pulmones respirando y ayuda a controlar el sueño y la defecación. Si deja de hacer su trabajo, se dice que tienes **muerte cerebral**.

FRONTAL

LÓBULO PARIETAL

LÓBULO TEMPORAL

LÓBULO OCCIPITAL

CEREBELO

TALLO CEREBRAL

El **lóbulo temporal** se encarga, entre otras cosas, del lenguaje, el habla y el sonido.

¿Qué hay en el centro?

Sistema límbico

Como ser humano tienes una corteza cerebral sorprendentemente grande y por eso tu cerebro es mucho más inteligente que el de un animal. Sin embargo, en lo profundo, bajo la corteza está lo que algunos llaman "el cerebro animal": el sistema límbico. Es la parte del cerebro que genera las emociones básicas como el miedo y el enojo y las necesidades como la sed y el hambre.

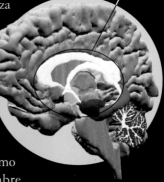

¿Cuánto de lo que TÚ piensas y haces se

¿Qué es el subconsciente?

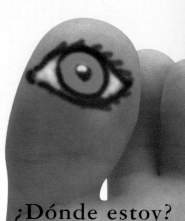

El psicoanalista Sigmund Freud se equivocó en muchas cosas, pero sí acertó en algo: mucho de lo que hacemos está controlado por fuerzas ocultas en el cerebro, a las que llamamos **subconsciente**. La mente subconsciente funciona oculta y, por lo regular, no nos damos cuenta. Por ejemplo, cuando montas en bicicleta, el subconsciente se hace cargo de pedalear, de maniobrar y demás y permite que la parte consciente piense en otras cosas.

¿Mi mundo es el mismo que el tuyo?

Tu experiencia del mundo es **completamente privada**. Nadie puede tener tus pensamientos o tus sensaciones. Algunos filósofos piensan que cada uno podría ver el mundo de un modo diferente. Por ejemplo, lo que tú ves rojo, otro podría verlo azul aunque ambos lo conozcan como rojo. Pero como nunca podemos ver los pensamientos de otros, nunca sabremos si esto es cierto.

¿De dónde llegan mis PENSAMIENTOS?

Todos tenemos la sensación de un **ser interno** en el cerebro. Ese es tu verdadero ser, pues tiene tus pensamientos y sentimientos, ve el mundo a través de tus ojos y se desvanece cuando duermes. Al parecer tu ser interno toma todas tus decisiones, ¿pero en verdad **tiene el control**?

¿Si los **ojos** estuvieran en tus **dedos de los pies**, tu sentido del **ser** estaría en los **pies**?

¿Dónde estoy?

Se siente que el ser interno está detrás de los ojos, pero en realidad no hay un lugar específico del cerebro que cree el sentimiento de un ser consciente. Algunos expertos dicen que, en realidad, podría haber dos seres internos, un "tú" diferente en cada mitad del cerebro.

debe a fuerzas subconscientes y ocultas?

¿Por qué fantaseo?

Cuando te aburres o no estás concentrado, de inmediato empiezas a meterte en un mundo interno y empiezas a soñar despierto.

Los psicólogos calculan que pasamos más de 8 horas al día fantaseando

Como parpadear, fantaseamos sin darnos cuenta, y quizás desempeñe una función importante. La mayoría de la gente sueña cosas alegres acerca de lo que desea, como ser rico y exitoso, **enamorarse** o ser un héroe. Estas fantasías positivas ayudan a enfocar tus ambiciones y te motivan. También es común que la gente tenga **sueños negativos** cuando está despierta, sobre todo fantasías sobre venganza. Pueden ser saludables porque ayudan a desahogarse.

¿Qué es la conciencia?

El sentido de atención que sientes cuando estás despierto se llama **conciencia**. Incluye lo que entra a tus sentidos y lo domina la vista, el sentido principal. También incluye el mundo personal interno en el que puedes introducirte y al que nadie más puede entrar. Tus pensamientos, ideas, sentimientos, fantasías y la imaginación son parte de la conciencia.

¿Dónde está la imaginación?

Las fantasías suceden sin control, pero tú puedes dirigir tus pensamientos y controlar las imágenes de tu mente. Esto ocurre cuando usas la imaginación. Por ejemplo, piensa cuántas habitaciones hay en tu casa. Puedes hacerlo imaginando que caminas por ella.

¿Qué es mi voz interior?

A veces, los pensamientos toman la forma de una **voz interior** en lugar de imágenes o sentimientos. Cuando estás en medio de un problema difícil, quizás te sorprendas murmurando al pronunciar tus pensamientos. Hablar contigo de esta forma no significa que estés loco, sino que es una buena manera de concentrarse.

Todos saben si son **zurdos** o **derechos**, ¿pero sabes cuál es tu pie dominante, o tu ojo u oído dominantes? A causa de la forma como funciona el cerebro, los dos lados del cuerpo no son iguales.

¿IZQUIERDA o DERECHA?

Si juntas las manos, cruzas los brazos o flexionas las piernas, es posible que siempre lo hagas de la misma manera, con la izquierda o la derecha arriba. Estas asimetrías existen porque el cerebro está dividido en dos. El lado izquierdo del cerebro controla el derecho del cuerpo y viceversa. Para muchas tareas, sean estas mentales o físicas, un lado del cerebro es dominante.

EN LA MAYORÍA DE LAS PERSONAS EL LADO IZQUIERDO...

- es dominante para el lenguaje, sobre todo la gramática, la escritura y la ortografía
- es dominante para pensar lógicamente
- es mejor para escuchar el ritmo y el tono de la música
- controla la mitad derecha del cuerpo
- procesa la mitad derecha de la vista

Y EL LADO DERECHO...

- es dominante para el pensamiento espacial
- es mejor para apreciar la música
- es mejor para entender bromas, sarcasmos y metáforas
- es mejor para reconocer objetos
- controla la mitad izquierda del cuerpo
- procesa la mitad izquierda de la vista

¿Qué lado de tu CEREBRO es la MITAD DOMINANTE?

Prueba de visión

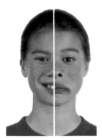

En muchas personas, una de las mitades del campo de visión es dominante. Mira directamente la nariz de estas dos imágenes. ¿Te parece que la niña está **más contenta** en una de ellas? La mayoría opina que la de arriba es más alegre por que sonríe del lado izquierdo y ese lado del campo de visión suele ser dominante.

¿Cuál es tu pie dominante?

Patea una pelota de fútbol para ver si el pie que más usas es el derecho o el izquierdo. En casi una de cada cinco personas es el izquierdo. Muchas cuya mano derecha es dominante usan el pie izquierdo.

¿Cuál es tu ojo dominante?

Levanta un dedo y mira en la distancia a través de él. Cierra un ojo a la vez. El dedo saltará al mirarlo con el ojo débil y se quedará en su lugar con el dominante.

¿QUÉ MANO ES MEJOR?

¿Qué tienen en común **Leonardo da Vinci**, **Paul McCartney** y **Fidel Castro**? Igual que el 10% de las personas del mundo, son zurdos. Los científicos aún no han descubierto qué hace que una persona sea zurda o diestra. Es más probable que los gemelos idénticos tengan la misma preferencia, pero el hecho de que a veces difieran muestra que los genes no son la única causa. Solo los bebés pasan de usar una mano a usar la otra, aunque hacia los dos años desarrollan una preferencia que les queda de por vida. Lo raro es que muchas personas no son zurdas o diestras por completo, por ejemplo, algunos diestros arrojan mejor con la mano izquierda.

En mucha gente domina **el lado derecho de la boca** y prefieren masticar con ese lado.

PRUEBA TUS MANOS

Las personas que pueden usar ambas manos se llaman **ambidiestros**. Toma un plumón en la mano derecha y ve cuántos puntos puedes poner en los círculos blancos en exactamente 15 segundos. Luego inténtalo con la mano izquierda. Ve a la página 96 para ver qué significan los resultados.

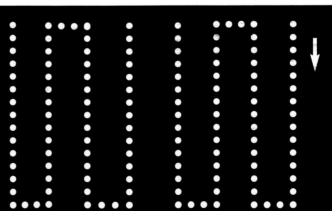

Mano izquierda Inicio

Mano derecha Inicio

OBSERVA ESTAS CARAS DURANTE 30 SEGUNDOS, LUEGO...

MEMORIA

PREGUNTAS FRECUENTES

¿Dónde se almacenan los recuerdos?

No hay un lugar específico del cerebro que almacene los recuerdos. Sin embargo, hay una parte llamada **hipocampo** (con la forma de un caballito de mar) con una función importante en la memoria que, al parecer, convierte los recuerdos a corto plazo en recuerdos a largo plazo. Si se daña, la gente sufre de amnesia y no puede fijar recuerdos nuevos ni recordar el pasado.

¿Dónde estabas cuando...

...cayeron las torres del World Trade Center en Nueva York el 11 de septiembre de 2001? ¿También puedes recordar con quién estabas y qué hacías al oír la noticia? Nuestro cerebro es particularmente bueno para recordar sucesos **sorprendentes** porque las emociones fuertes hacen que el recuerdo sea más vívido, más detallado y fácil de recordar.

LOS 4 TIPOS DE MEMORIA

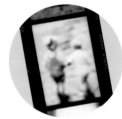

A CORTO PLAZO

Cierra los ojos e intenta repetir la última oración que leíste. Estás usando la memoria a corto plazo. Solo dura **unos segundos** o minutos y luego desaparece, pero es vital para leer libros y ver películas.

A LARGO PLAZO

¿Qué recibiste en Navidad? Ahora estás usando la memoria a largo plazo que puede durar toda la vida. Las emociones fuertes, sean de alegría o de impresión, pueden producir registros permanentes en la memoria a largo plazo.

EPISÓDICA

¿Adónde fuiste en las vacaciones de verano? La memoria episódica es como un diario mental y tiene impresas la fecha y la hora. Incluye todas las experiencias, incluyendo lo que viste y cómo te sentiste.

FACTUAL

¿Cuál es la montaña más alta del mundo? Ahora estás usando la memoria factual, que es una forma de memoria a largo plazo. Es aquí donde almacenas lo que aprendes en la escuela. Necesitas refrescar los recuerdos factuales o con el paso del tiempo se desvanecen.

MIRA LAS PÁGINAS 54 Y 55. ¿VES ALGUNA CARA NUEVA?

Algunos recuerdos se desvanecen con el tiempo, pero otros dejan una huella permanente en tu cerebro. Quizás los primeros 3 años de tu vida estén en **blanco**, pero después tu memoria lleva un registro cuidadoso. La recuerdes o no, cada experiencia deja una impresión en algún lugar del cerebro.

¿CÓMO PUEDO MEJORAR MI MEMORIA?

Hay muchas maneras de hacerlo. Una buena forma de memorizar el trabajo de la escuela es escribir notas mientras lees. Esto hace que te concentres en los puntos más importantes, lo cual ayuda a retenerlos en la memoria. Otra técnica efectiva es volver a leer las notas después de un día, de una semana y de un mes. Cada vez que refrescas la memoria, se vuelve más permanente y **fácil de recordar**.

Trucos de memoria

Las **mnemotecnias** son rimas o frases que ayudan a colocar los hechos en la memoria a largo plazo. Funcionan relacionando información aburrida con algo más memorable. Por ejemplo, puedes recordar la primera línea de la tabla periódica de elementos químicos:

" La BBC no funciona "

Cada letra mayúscula es la primera letra de un elemento: Litio, Boro, Berilio, Carbono, Nitrógeno, Oxígeno, Flúor.

Para recordar una lista de números, divídelos en pares y recuérdalos por separado, es más fácil que aprender el número completo. Por ejemplo, para el número 569826583354 es más fácil recordar

56
98
26
58
33
54

¡Lo siento, se me olvidó!

Olvidar es tan importante como recordar. Si tu cerebro no olvidara, tu memoria estaría llena de datos inútiles y no podrías pensar adecuadamente. Por eso es frecuente que el cerebro filtre solo la información **interesante** o **inusual** y descarte todo lo demás.

¿Algunas personas tienen memoria fotográfica?

Algunas personas realizan verdaderas proezas de memoria, como recordar la secuencia de las cartas en un fajo con verlo solo una vez. Pero no tienen memoria fotográfica, solo se han entrenado para tener muchos trucos de memoria. Quizás la memoria fotográfica ni siquiera exista.

¿HAY UNA NUEVA CARA EN ESTE GRUPO? Tu cerebro tiene una

Prueba tu MEMORIA

HAZ ESTAS PRUEBAS PARA VER CUÁN BUENA ES TU MEMORIA

1 ¿Cómo es tu memoria para las palabras?

- Concéntrate en estas 12 palabras durante 30 segundos exactos.
- Cierra el libro, espera un minuto e intenta escribirlas todas.
- Revisa cómo lo hiciste y ve a la página 96 para ver el significado del resultado.

Consejo: Visualizar las palabras y combinar las imágenes puede ayudar.

papel	ensalada	taza
	zanahoria	vinagre
silla	vómito	
	alfombra	polvo
piedra	mermelada	camello

7 2 8 3 4 5

Los **números** son más **difíciles** de recordar que las

habilidad natural para reconocer caras, por eso esta prueba te parece tan fácil

2 ¿Cómo es tu memoria visual?

- Observa los objetos de la bandeja durante 30 segundos exactos.
- Cierra el libro, espera un minuto e intenta escribir los objetos que viste.
- Revisa cómo lo hiciste y ve a la página 96 para ver el significado del resultado.

Consejo: Dibujar la bandeja de memoria puede ayudar.

736

3 Compactar números

- Toma 15 segundos para memorizar los números de la izquierda.
- Cierra el libro, espera un minuto y luego escríbelo.
- Revisa el resultado y ve a la página 96.

Consejo: Repite constantemente el número.

palabras o las imágenes

¿Cuándo aprendo más?

Algunas cosas se aprenden mejor a determinada edad, en **períodos críticos**. El período crítico para ver es el primer año de vida. Si los ojos de un bebé no funcionan adecuadamente en esta etapa puede quedar ciego de por vida, aun si los ojos mejoran. El período crítico para aprender a hablar son los primeros 11 años, durante los cuales puedes **aprender a hablar** con fluidez cualquier idioma.

¿Por qué la práctica perfecciona?

Las habilidades físicas como patinar o conducir un auto implican un tipo especial de aprendizaje que usa una parte del cerebro llamada cerebelo. Cuando empiezas a aprender una habilidad física difícil debes pensar bien cómo mover cada músculo. La corteza cerebral se usa para mover conscientemente el cuerpo, lo cual necesita concentración. Sin embargo, con la **práctica** los movimientos se vuelven una segunda naturaleza y el cerebelo se hace cargo para que el cuerpo funcione como un piloto automático.

¿Puedo cambiar mi CEREBRO?

Tu cerebro es **plástico**; aprende y se adapta cambiando físicamente y no solo cambia los programas como haría una computadora. Tú naciste con casi los 100 billones de células cerebrales en su lugar, pero las **conexiones** entre ellas pueden alterarse a lo largo de la vida. Tu cerebro aprende continuamente al cambiar las **conexiones** y los cables cuanto sea necesario y crea así, un sinfín de circuitos nuevos.

Todo, la gente que conoces, los lugares que visitas, las cosas que ves, las habilidades que aprendes, incluso tus sueños, pueden cambiar la **estructura física** de tu cerebro. Tus experiencias de vida dejan una marca en la enredada red de conexiones que hay en el interior del cerebro.

Como nadie vive exactamente la misma vida que tú, nadie tiene un cerebro como el tuyo.

Tu cerebro se hace más fuerte

Cuando aprendes algo de memoria o adquieres una nueva habilidad, obligas al cerebro a cambiar sus cables y, cada vez que practicas o repites algo, **fortaleces un poco**, los nuevos circuitos, como cuando se forma un sendero definido en el campo.

¿Cuándo cambia más mi cerebro?

Tu cerebro cambia toda la vida, pero hay algunos períodos en los que el cambio es particularmente rápido. En los primeros 2 ó 3 años comienzan a crearse conexiones a una velocidad sorprendente. Pero a partir de entonces, el cerebro empieza a hacerse lento, a deshacerse de conexiones que no necesita y a **matar células cerebrales** que no se usan. Otro crecimiento rápido en las conexiones es a los 11 ó 12, justo antes de la pubertad. Durante la adolescencia sc vuelven a hacer lentas.

¿Puedo ejercitar mi cerebro?

En cierta manera el cerebro es como un **músculo**. Si las ejercitas mucho, algunas partes se hacen fuertes. Los científicos han descubierto que en el cerebro de los violinistas hay una parte mayor a lo habitual dedicada a controlar la mano izquierda, que se encarga de presionar las cuerdas mientras la derecha desliza el arco. De igual forma, en la gente ciega que puede leer Braille una parte importante de su cerebro está dedicada al tacto.

PREGUNTAS FRECUENTES

¿Dormir me ayuda a aprender?

Si intentas pasar un nivel arduo en un videojuego o dominar una pieza difícil en el piano, tal vez te sea más fácil lograrlo si te duermes y regresas al día siguiente. Los neurólogos piensan que hay un enlace entre el sueño y el aprendizaje, sobre todo para las actividades físicas que necesitan práctica. También hay evidencias de que el sueño puede ayudar a resolver retos mentales como los problemas matemáticos.

Mantente atento

Aprender tiene mucho que ver con la **atención**. El cerebro acepta la información solo cuando se siente interesado y presta atención. Si te cansas o te aburres empiezas a divagar y dejas de aprender.

¿El cerebro puede repararse solo?

Con frecuencia, la gente que sufre daño cerebral después de una embolia o una herida parece tener una **recuperación milagrosa**. Una embolia puede dejarte paralizado e incapaz de hablar, sin embargo, algunos meses después puedes caminar y hablar de nuevo. Esto ocurre porque el cerebro es plástico. Por ejemplo, si el centro del habla del lado izquierdo se daña, el derecho puede aprender a hacer lo mismo.

y más rápido si lo ejercitas

PREGUNTAS FRECUENTES

¿Qué es el IQ?

La prueba del IQ (coeficiente intelectual) es la forma más famosa de medir la inteligencia. Analiza tus habilidades numéricas, verbales y espaciales y te da una puntuación general. Originalmente, la prueba de IQ se diseñó para saber qué niños tenían problemas en la escuela. Es un buen indicador de tu desempeño en la escuela, pero no necesariamente del éxito que tendrás en la vida.

¿El IQ es genético?

Los estudios en gemelos idénticos sugieren que, en los niños educados en un ambiente estable y saludable, la variación del IQ es sobre todo genética. Sin embargo, en los que crecen en hogares no privilegiados la variación depende más del **entorno**. Aunque los resultados parecen contradictorios, muestran que tanto los genes como el entorno influyen en tu IQ.

¿Soy un GENIO?

¿PARA QUÉ ERES MEJOR?

La inteligencia puede ser muchas cosas diferentes, como hasta qué punto eres bueno en matemáticas o cómo te expresas con las palabras. Las pruebas de las páginas siguientes te darán una idea de en qué podrías ser más inteligente.

Inteligencia ESPACIAL

Pensar espacialmente es poder **ver formas en la mente** y girarlas. Este tipo de inteligencia es muy útil para entender máquinas y mapas. En promedio, los niños obtienen mayor puntuación que las niñas en el pensamiento espacial.

Inteligencia VERBAL

Es una medida de tus habilidades de lectura y escritura. La gente con mucha inteligencia verbal puede leer con rapidez y **captar la información** fácilmente. También puede expresarse bien por escrito. En promedio las niñas obtienen mayor puntuación que los niños.

Hacen falta 10.000 HORAS

¿Una persona inteligente es solo la que sabe muchas cosas, o la inteligencia consiste en **resolver problemas** lógicos o en ser **imaginativo**? ¿Es algo con lo que naces o algo que se desarrolla con la práctica?

La inteligencia numérica elevada es señal de una mente analítica y lógica. Si las matemáticas te parecen fáciles, quizás tengas alta esta inteligencia. Algunas personas obtienen puntuación alta a pesar de tener baja la inteligencia verbal.

Pensar lateralmente significa usar la **imaginación** para resolver un problema que quizás no tenga una respuesta lógica. Los problemas de pensamiento lateral pueden ser muy difíciles. Si eres bueno con ellos, quizás tengas una mente **creativa**.

Si eres bueno para entender cómo piensan y sienten los demás, quizás tengas un alto IQ emocional. Es común que las personas con alto IQ emocional sean exitosas en la vida, incluso si tienen baja puntuación en las demás pruebas de inteligencia.

PREGUNTAS FRECUENTES

¿Puedo cambiar mi IQ?

Tu IQ no está hecho de piedra. Si estudias mucho en la escuela, **tu IQ subirá**. El IQ promedio de todos los países ha crecido en el último siglo, tal vez por las mejoras en la educación. En Japón, el IQ promedio subió casi 12 puntos en los últimos 50 años. Este cambio muestra una vez más que el entorno puede influir mucho en el IQ.

¿Qué hace que sea un genio?

Un genio es alguien que tiene un talento excepcional para algo. **Albert Einstein** es quizás el científico más importante que ha existido. Cuando murió, los expertos abrieron su cerebro para ver si había algo especial, pero se veía como todos. Más extraño aún, Einstein era malo en la escuela y odiaba a su maestro. Tal vez su secreto era su interés obsesivo por la ciencia. La **obsesión** es algo que todos los genios tienen en común y, por lo regular, empieza en la infancia.

de práctica para ser un **experto**

Prueba de *inteligencia* ESPACIAL

Haz esta prueba tomándote sólo 20 minutos para hacerla. Consulta después la página 96 para revisar tus respuestas.

1 Si quieres cortar una pizza en 8 porciones iguales, ¿cuántos cortes transversales debes hacer?

- a) 8
- b) 2
- c) 16
- d) 6
- e) 4

2 ¿Cuantas aristas tiene un cubo?

- a) 8
- b) 12
- c) 16
- d) 6
- e) 4

3 ¿Qué figura entra en la forma gris?

a · b · c · d · e

4 ¿Qué círculo es diferente?

a · b · c · d · e

5 ¿Qué cuadrado es diferente?

a · b · c · d · e

Prueba de *inteligencia* VERBA

Haz esta prueba en tan solo 20 minutos. Consulta luego la página 96 para revisar tus respuestas.

1 India es a Asia lo que Italia es a

- a) América
- b) África
- c) Europa
- d) pizza
- e) Júpiter

2 Hielo es a agua lo que sólido es a

- a) gas
- b) hielo
- c) metal
- d) líquido
- e) vapor

3 Metro es a distancia lo que kilogramo es a

- a) peso
- b) gramo
- c) libra
- d) tonelada
- e) kilómetro

4 Gigante es a miniatura lo que alegre es a

- a) feliz
- b) estático
- c) aburrido
- d) triste
- e) pulga

5 Banana es a manzana lo que col es a

- a) sopa
- b) pastel
- c) cereza
- d) recipiente
- e) coliflor

6 ¿Qué palabra no corresponde?

- a) comer
- b) tener
- c) caja
- d) sostener
- e) sonreír

7 ¿Qué palabra no corresponde?

- a) ojo
- b) dedo
- c) tobillo
- d) lengua
- e) jirafa

8 ¿Qué palabra no corresponde?

- a) gritar
- b) cantar
- c) hablar
- d) caminar
- e) susurrar

6 ¿Cuál de los objetos en la línea inferior sigue en la secuencia?

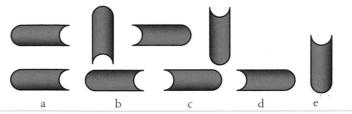

a   b   c   d   e

10 ¿Qué obra de arte tiene la siguiente figura?

a   b   c   d   e

7 ¿Cuál de las llaves azules entra en la figura roja?

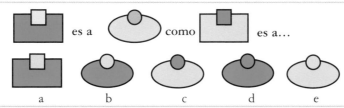

a   b   c   d   e

8 ¿Qué figura completa la secuencia?

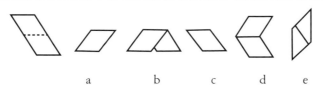

es a ... como ... es a...

a   b   c   d   e

9 ¿Qué figura se forma si se dobla el papel por la línea punteada?

a   b   c   d   e

9 ¿Qué palabra no corresponde?

a) acordar
b) disputar
c) contradecir
d) discutir
e) contrariar

10 ¿Qué palabra no corresponde?

a) caballo
b) vaca
c) canguro
d) burro
e) cabra

11 ¿Qué palabra tiene un significado parecido a "construir"?

a) destruir
b) torre
c) ladrillo
d) armar
e) puente

12 ¿Qué palabra tiene un significado parecido a "diverso"?

a) similar
b) araña
c) variado
d) calamidad
e) ábaco

13 ¿Qué palabra tiene un significado parecido a "esencial"?

a) extra
b) armónica
c) aceite
d) excedente
e) vital

14 ¿Qué palabra tiene un significado parecido a "rotar"?

a) girar
b) circular
c) invertir
d) voltear
e) colapsar

15 ¿Si algunos molinos son máquinas y algunas máquinas son eléctricas, entonces todos los molinos son eléctricos?

a) cierto
b) falso
c) a veces cierto
d) a veces falso
e) ninguna de las anteriores

16 Un cínico es alguien que sabe el precio de todo, pero el _____ de nada.

a) tamaño
b) valor
c) significado
d) circunferencia
e) opuesto

Prueba de *inteligencia* NUMÉRICA

Haz esta prueba para ver si eres bueno con el pensamiento numérico. Concédete 30 minutos y luego mira en la página 96 para revisar tus respuestas. Intenta no apresurarte, pues es más difícil que las otras y algunas preguntas son tramposas.

1 Un granjero construye una cerca de 10 metros ubicando cable entre postes de madera colocados a 2 metros. ¿Cuántos postes necesita?

a) 10
b) 2
c) 4
d) 5
e) 6

2 La suma de todos los números del 1 al 7 es.

a) 8
b) 15
c) 22
d) 25
e) 28

3 Pasado mañana es dos días antes del martes. ¿Qué día es hoy?

a) viernes
b) sábado
c) domingo
d) lunes
e) martes

4 ¿Qué número sigue en la secuencia?

1, 2, 3, 5, 8, 13...

a) 15
b) 17
c) 19
d) 21
e) 23

5 Si dos cocineros pueden pelar dos papas en 1 minuto, ¿cuántos cocineros hacen falta para pelar 20 papas en 10 minutos?

a) 1
b) 2
c) 3
d) 4
e) 5

6 21619195716 es a borrego lo que 1216216 es a

a) lobo
b) caballo
c) antílope
d) cabra
e) ganado

Prueba de *pensamiento* LATERAL

Necesitas usar tu imaginación para esta prueba. Las preguntas son difíciles, pregúntale a alguien si te atoras. No te sorprendas si tienes la mayoría mal. Las respuestas se encuentran en la página 96.

1 Vivo solo en una casa pequeña sin puertas ni ventanas y cuando salgo debo pasar rompiendo las paredes. ¿Qué soy?

2 Es primavera. Ves una zanahoria y dos pedazos de carbón en el jardín delantero de alguien. ¿Cómo llegaron ahí?

3 Un hombre yace muerto a campo abierto junto a una mochila. ¿Cómo llegó ahí?

4 Dos bebés nacen al mismo tiempo, el mismo día, el mismo mes del mismo año, en el mismo hospital y de la misma madre biológica. ¿Por qué no son gemelos?

7 Juan y Jorge reúnen 30 caracoles en su jardín. Juan encontró 5 veces más caracoles que Jorge. ¿Cuántos encontró Jorge?

a) 6
b) 8
c) 3
d) ninguno
e) 5

8 Estás en una carrera y pasas al que está en segundo lugar. ¿En qué lugar estás ahora?

a) último
b) 4º
c) 3º
d) 2º
e) 1º

9 Claudia es más alta que Ana, y Clara es más baja que Claudia. ¿Qué es lo correcto?

a) Clara es más alta que Ana
b) Clara es más baja que Ana
c) Clara mide lo mismo que Ana
d) No puede saberse
e) Clara es la hermana de Ana

10 Un grupo de patos camina en línea. Hay dos patos delante de uno, dos patos detrás de uno y un pato en el centro. ¿Cuántos patos hay?

a) 1
b) 5
c) 3
d) 7
e) 2

11 ¿Qué número es la mitad de un cuarto de un décimo de 800?

a) 2
b) 5
c) 8
d) 10
e) 40

12 El viaje en tren de Preston a Londres es de 300km. Un tren lento sale de Preston al mismo tiempo que uno rápido de Londres. Si el tren rápido viaja al doble de la velocidad del lento, ¿hasta dónde habrá llegado el lento cuando los dos se encuentren?

a) 100km
b) 150km
c) 200km
d) 133km
e) 266km

13 Pedro tiene 4 años y sus hermana Selene tiene 3 veces esa edad. ¿Cuando Pedro tenga 12 años qué edad tendrá Selene?

a) 16
b) 20
c) 24
d) 28
e) 36

14 ¿Qué número sigue en la secuencia? 144, 121, 100, 81, 64...

144, 121, 100, 81, 64...

a) 55
b) 49
c) 36
d) 16
e) 9

15 Un auto viaja 37 km en 30 minutos. ¿A qué velocidad viaja?

a) 37 km por hora
b) 48 km por hora
c) 74 km por hora
d) 84 km por hora
e) 96 km por hora

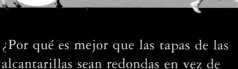

5 ¿Por qué es mejor que las tapas de las alcantarillas sean redondas en vez de cuadradas?
Pista: piensa en voltearlas.

6 Un hombre fue a una fiesta y bebió algo del ponche. Se fue temprano. Todos los demás de la fiesta que bebieron ponche murieron después envenenados. ¿Por qué el hombre no murió?
Pista: había veneno en el ponche.

7 Es más poderoso que Dios. El rico lo necesita, el pobre lo tiene y si lo comes

8 Tres interruptores de sótano están conectados a tres lámparas en la habitación de arriba. ¿Cómo puedes saber qué interruptor enciende qué lámpara haciendo solo un viaje del sótano a la habitación?
Pista: hay focos en las lámparas.

9 Un hombre vive en el décimo piso de un edificio. Cada día toma el ascensor hacia la planta baja para ir al trabajo. Al regresar, toma el elevador hasta el séptimo piso y camina el resto. Si está lloviendo, toma el elevador hasta arriba. ¿Por qué?
Pista: tiene un paraguas.

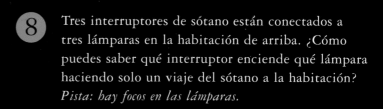

¿QUÉ TIPO DE PERSONA SOY?

> ¿Eres un buscador de emociones, una persona social, o alguien poco interesado en la sociedad con un mórbido miedo a las arañas?

¿Te gusta ir a fiestas y quedarte hasta tarde o preferirías irte temprano a la cama y hundir la cabeza en un libro? Y de eso, ¿quién tiene la culpa, tus padres o tus genes?

Todos tenemos una personalidad única, con una combinación de hábitos y manías diferente al de todos los demás. Más que cualquier otra cosa, tu personalidad es lo que te hacer ser *tú*.

Prueba tu
PERSONALIDAD

1. ¿Te gusta hacer cosas que son un poco peligrosas?

2. ¿Si no te gusta alguien, te da miedo decirle lo que piensas de él?

3. ¿Te gusta tener largas conversaciones por teléfono?

4. ¿Eres bueno para recordar los cumpleaños?

5. ¿Prefieres estar con una gran pandilla a solo con uno o dos amigos?

6. ¿Eres muy sensible a las críticas?

7. ¿Te aburres rápido de los pasatiempos y siempre buscas otros nuevos?

8. ¿Te gusta hablar con personas nuevas y llegar a conocerlas?

9. ¿Por lo regular haces tu tarea a tiempo?

10. ¿Sientes pena por las personas que no son felices?

11. ¿Eres bueno para mantenerte tranquilo bajo presión?

12. ¿Si alguien te hace enojar, por lo regular perdonas y olvidas?

13. ¿Otras personas te describirían cómo tímido?

14. ¿Es común que planees lo que harás el fin de semana?

15. ¿Mantienes tu habitación limpia y ordenada?

16. ¿Es raro que entres en discusiones con las personas?

HAZ TU PUNTUACIÓN COMO SIGUE

APERTURA. Pon 2 si respondiste "sí" en las preguntas 7, 17, 20, 24, 26. Pon 2 si respondiste "no" en la pregunta 14. Pon 1 si respondiste "no estoy seguro" en 7, 14, 17, 20, 24, 26. Suma tus puntos. 3 ó menos = bajo; 4-8 = medio; 9 ó más = alto.

ESMERO. Pon 2 si respondiste "sí" en las preguntas 4, 9, 15, 19, 21, 29. Pon 1 si respondiste "no estoy seguro" en 4, 9, 15, 19, 21, 29. Suma tus puntos. 3 ó menos = bajo; 4-8 = medio; 9 ó más = alto.

EXTROVERSIÓN. Pon 2 si respondiste "sí" en las preguntas 1, 3, 5, 8, 22. Pon 2 si respondiste "no" en la pregunta 13. Pon 1 si respondiste "no estoy seguro" en 1, 3, 5, 8, 13, 22. Suma tus puntos. 3 ó menos = bajo; 4-8 = medio; 9 ó más = alto.

Haz esta prueba para descubrir más sobre tu personalidad. Para cada pregunta responde "sí", "no" o "no estoy seguro". No hay respuestas correctas, así que trata de ser **lo más honesto posible**. Sigue las instrucciones del fondo de la página para hacer tu puntuación, luego da vuelta la página para ver el significado de tus resultados.

17 ¿Te gusta explorar nuevos lugares?

18 ¿Te da miedo lo que otros puedan pensar de ti?

19 ¿Alguna vez ofreces ayudar con la limpieza?

20 ¿Te considerarías un poco rebelde?

21 ¿Por lo regular haces las cosas lo mejor que puedes?

22 ¿Te gustaría probar el salto con resorte, bucear, o viajar en los rápidos?

23 ¿Es común que te enojes por cosas pequeñas?

24 ¿Tu gusto por la música y la moda siempre cambia?

25 ¿Te es fácil confiar en las personas?

26 ¿Te gustan los pasatiempos artísticos o creativos?

27 ¿Si no estás de acuerdo con alguien prefieres no decirlo?

28 ¿Te describirías como alguien despreocupado y relajado?

29 ¿Terminas la mayoría de los libros que empiezas?

30 ¿Eres alguien que se pone ansioso con facilidad?

Recuerda que puedes responder "no estoy seguro".

SIMPATÍA. Pon 2 si respondiste "sí" en las preguntas 2, 10, 12, 16, 25, 27. Pon 1 si respondiste "no estoy seguro" en 2, 10, 12, 16, 25, 27. Suma tus puntos. 3 ó menos = bajo; 4-8 = medio; 9 ó más = alto.

NEUROSIS. Pon 2 si respondiste "sí" en las preguntas 6, 18, 23, 30. Pon 2 si respondiste "no" en las preguntas 11 y 28. Pon 1 si respondiste "no estoy seguro" en 6, 11, 18, 23, 28, 30. Suma tus puntos. 3 ó menos = bajo; 4-8 = medio; 9 ó más = alto.

DA VUELTA A LA PÁGINA PARA DESCUBRIR MÁS...

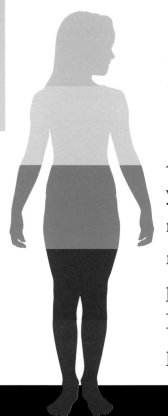

¿Cuál es mi PERSONALIDAD?

Algunas personas son ruidosas y populares, otras son calladas y tímidas. Algunos **pierden los estribos** fácilmente y otros nunca se alteran. La personalidad es algo que juzgamos de manera intuitiva, de una manera acertada para unos, pero no para todos, entonces ¿cómo puede estudiarse científicamente? Los psicólogos solucionan el problema dividiendo la personalidad en diferentes dimensiones.

Necesitas un *poco* de todas estas

ESMERO

Si tuviste una puntuación alta para el esmero, probablemente seas sensible, confiable y **trabajador**. La gente esmerada intenta dar lo mejor en todo y por lo regular son muy limpios y ordenados, aunque a veces un poco quisquillosos. Si tuviste baja puntuación, tal vez seas un poco desorganizado y te parezcan tediosas la tarea y la limpieza.

EXTROVERSIÓN

Los extrovertidos aman la emoción y la diversión. Si tuviste puntuación alta, tal vez tengas mucha confianza, y te guste conversar y mezclarte con la gente. Quizás también seas un **buscador de aventuras** con gusto por el peligro. Si tuviste baja puntuación es más probable que seas introvertido. Los introvertidos tienden a ser tímidos y desconfiados, prefieren estar con amigos que conocen bien y no con multitudes.

NEUROSIS

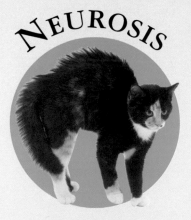

La neurosis es una medida de **cuán tenso** puedes estar y cuán sensible eres en tus emociones. Alguien neurótico se enoja, se preocupa o se emociona con mayor facilidad que los demás. Por el contrario, una persona tranquila y relajada pocas veces se pone emocional y tal vez parezca que el mundo le es indiferente.

LOS CINCO FACTORES

Una de las pruebas psicológicas más comunes para el estudio de la personalidad es la prueba de los **cinco factores** que divide la personalidad en las cinco dimensiones siguientes. Estas son independientes, es decir que la puntuación de una no afecta las otras.

Por ejemplo, tal vez seas muy extrovertido, pero poco simpático.

Para hacer la prueba de los cinco factores debes trabajar con cuestionarios diseñados por psicólogos. La prueba de las páginas anteriores solo puede darte una idea de los resultados verdaderos, no te preocupes si te decepcionan.

¿La personalidad está en los genes?

Los estudios en gemelos idénticos sugieren que, en efecto, los genes tienen una influencia importante en la personalidad. En un estudio, los genes causaron el **40%** de la variación en la puntuación de la prueba de los cinco factores, el entorno influyó un **35%**. (El **25%** restante se debió a un error de muestreo).

características de la personalidad

SIMPATÍA

La simpatía es una medida de cuán fácil de tratar eres. Si tuviste puntuación alta, es probable que la gente te considere cooperativo y **amable**. Si tuviste puntuación baja tal vez seas muy hablador o discutes mucho. La gente tiende a ser más simpática al crecer.

APERTURA

Si eres muy abierto, te gustan las **experiencias nuevas** y el cambio. Tomas una decisión en el momento, en lugar de seguir planes y tiendes a ver superficialmente las cosas en lugar de profundizar en un pasatiempo. La gente con baja puntuación prefiere los entornos familiares y las rutinas y quizás se apeguen mucho a un pasatiempo.

¿Puedo cambiar?

Si piensas que has tenido una mala personalidad, no tengas miedo. La personalidad cambia a lo largo de la vida, incluso como adulto. Quizá en los 20 y 30 tu simpatía y esmero aumenten. En las mujeres, la neurosis y la extroversión se reducen con la edad. En los hombres se mantienen igual, pero empiezan con niveles más bajos.

¿Qué trabajo me conviene?

Distintos oficios y profesiones convienen a diferentes personalidades. Si eres muy tímido, tal vez seas más feliz en una carrera cuyos objetivos conlleven poco trato con la gente. Entender tu personalidad puede ayudar a identificar tus puntos fuertes y a decidir qué carrera es mejor para ti. Pero recuerda que la gente cambia, por ejemplo, mucha gente supera la timidez al crecer.

¿Importa el orden de nacimiento?

Algunos dicen que tu posición en la familia influye mucho en la personalidad. El **hijo mayor**, por ejemplo, parece ser el más sensible y el más chico el que esté dispuesto a correr más riesgos. Sin embargo, un estudio cuidadoso sugiere que estos efectos solo se aplican dentro de la familia. Cuando estás fuera de casa con los amigos, la conducta no tiene nada que ver con el orden de nacimiento en la familia.

PREGUNTAS FRECUENTES

¿Por qué soy tímida?

Los introvertidos pueden sentirse incómodos o nerviosos en una situación social y esto puede hacer que eviten a otras personas. No hay nada malo con sentir timidez, es un importante instinto de defensa. Todos son tímidos en algún momento, aunque la mayoría, al crecer, logra ocultarlo y actuar con confianza. También, al dejar la adolescencia y sentir menos conciencia del ser, la gente se vuelve menos tímida y tiene más habilidad social.

¿Eres ambivertido?

La mayoría de la gente no es del todo extrovertida o introvertida. Son **ambivertidos**, es decir que están a la mitad. Pueden ser tímidos con los extraños, pero con mucha confianza entre amigos y con la familia.

¿Cuántos amigos debes tener?

Mucha gente se preocupa por su **popularidad**, sobre todo en la adolescencia. Los extrovertidos siempre están rodeados de amigos, mientras que los introvertidos pasan el tiempo con un solo buen amigo. No hay una cantidad correcta de amigos, lo que importa es que disfruten el tiempo que pasan juntos.

Una manera de pensar en tu personalidad es decidir si eres **extrovertido** *o* **introvertido**. ¿Dedicas tu atención al mundo externo de la gente y las actividades o al mundo interno

¿*Introvertido*

O

SI ERES INTROVERTIDO ERES...

- Callado y reservado
- Serio y cuidadoso
- Sensible y reflexivo
- Feliz contigo mismo

Los **introvertidos** tienden a **pensar las cosas** antes de hablar y actuar, y son buenos para escuchar a los demás. Son tímidos y callados, lo que a veces los hace parecer distantes y poco amigables. Los introvertidos son buenos en empleos que implican trabajar de manera independiente, pensar cuidadosamente y analizar la información.

Ideas, gente, aventura, libros, fiestas ......

de las ideas y las experiencias?
¿Buscas la **emoción** y la compañía
o prefieres pasar el tiempo solo,
lejos de las multitudes?

EXTROVERTIDO

SI ERES EXTROVERTIDO ERES...

- Abierto y comunicativo
- Aventurero y corres riesgos
- Confiado y asertivo
- Te aburres con facilidad

Los **extrovertidos** reciben su energía de
los demás. Son confiados y **hacen amigos
fácilmente** y pueden ser muy divertidos. Sin
embargo, a veces pueden parecer superficiales o
ruidosos. Son buenos para trabajos activos que
implican conocer mucha gente y pueden ser
buenos líderes.

PREGUNTAS FRECUENTES

¿Te gustan las fiestas?

Los extrovertidos
disfrutan ir a
fiestas y
socializar con
muchas personas
nuevas. Es más
probable que "el alma de la fiesta"
sea un extrovertido que un
introvertido. Los extrovertidos son
conversadores confiados y rápido
conocen a la gente, lo cual los hace
populares. Pero, como los introvertidos,
tal vez solo tengan algunos amigos
que sean en verdad cercanos.

¿Eres un buscador de aventuras?

Algunos psicólogos piensan que los
extrovertidos tienen un gen que los
hace **menos sensibles** a la estimulación
que los introvertidos. De acuerdo con
esta teoría, los introvertidos se estimulan
tan fácilmente que las situaciones sociales
les pueden parecer muy incómodas. Por
el contrario, los extrovertidos buscan la
estimulación y evitar aburrirse. Entonces
es más probable que los extrovertidos
sean aventureros que participan en
deportes peligrosos como el buceo o el
salto con resorte.

HAZ LA PRUEBA DEL LIMÓN

Para ver si eres más
introvertido que un
amigo, pongan un
poco de **limón** en
la lengua y luego
vacíen su **saliva** en
vasos. Los introvertidos
tienden a producir más saliva que los
extrovertidos por ser más sensibles a la
estimulación.

¿Qué te gusta?

PREGUNTAS FRECUENTES

¿El cerebro masculino y el femenino se ven diferentes?

Los hombres tienen un cerebro ligeramente más grande que las mujeres, que corresponde a un cuerpo más grande, pero el IQ promedio es igual en ambos sexos. En las mujeres las conexiones entre las dos mitades son más estrechas. Algunos dicen que esto hace que las mujeres sean mejores para usar ambos lados del cerebro.

¿Qué es la testosterona?

La hormona sexual masculina

testosterona, que inicia la pubertad en los niños, tiene un gran impacto en la conducta y la personalidad. Cuando a un animal se le da testosterona adicional se vuelve más **agresivo** y **competitivo**. Tiene el mismo efecto en los humanos y hace que los niños sean más agresivos y competitivos.

Haz la prueba de los dedos

La testosterona está presente en el cuerpo toda la vida, tanto en niñas como en niños. Incluso afecta el desarrollo de un bebé antes de nacer. Si tienes un alto nivel de testosterona fetal el **dedo anular** es más largo que el índice y es más probable que tengas un **cerebro masculino**.

dedo índice   dedo anular

¿De qué SEXO es

SI TIENES UN CEREBRO FEMENINO, ERES BUENO PARA:

- habilidades que usen el **lado izquierdo** del cerebro como el lenguaje, la lectura y la escritura
- entender los sentimientos de la gente
- saber cuando alguien está mintiendo
- leer el lenguaje corporal
- ver los aspectos generales

Puedes ser una niña con buenas habilidades masculinas como arreglar computadoras, o un niño con buenas habilidades sociales.

Los psicólogos piensan que los cerebros masculino y femenino tienen habilidades diferentes. Estas diferencias no son grandes o absolutas, están basadas en promedios. Por lo regular, el cerebro femenino es bueno para las habilidades enfáticas como entender los sentimientos de las personas. Por lo regular el cerebro masculino es mejor para las habilidades **sistemáticas** como entender el funcionamiento de las máquinas. Al parecer estas diferencias están desde el nacimiento y no dependen de que niños y niñas tengan una educación diferente.

Si tienes un CEREBRO BALANCEADO eres *igual* de

mi CEREBRO?

SI TIENES UN CEREBRO MASCULINO ERES MEJOR PARA:

- habilidades que usan el **lado derecho** del cerebro como las formas geométricas o entender mapas y diagramas
- entender cosas técnicas
- memorizar listas de hechos
- notar los detalles

Las generalizaciones pueden ser engañosas, pues pocos entran totalmente en el promedio.

El género es como un **espectro**, con el típico cerebro masculino en un extremo y el femenino en el otro. El punto del espectro donde tú estás depende de tus propias habilidades. La mayoría de la gente está en algún lugar del centro, donde ambos cerebros **se juntan**. El resultado es que tal vez tengas una combinación de habilidades típicamente masculinas y típicamente femeninas. Por ejemplo, tal vez tengas buenas habilidades sociales, pero también seas bueno para arreglar computadoras. También podrías ser pésimo para ambas.

PREGUNTAS FRECUENTES

¿Soy una persona social?

Si eres bueno para entender a las personas y tranquilizarlas eres una persona social. Es una habilidad típicamente femenina. Algunos científicos piensan que la evolución ha dado a las mujeres mejores habilidades sociales (en promedio) porque pasan más tiempo que los hombres cuidando hijos y familias.

El cerebro en el extremo masculino

Algunas personas parecen tener un cerebro exageradamente masculino, con muy pocas habilidades sociales, pero con habilidades sistemáticas mayores. Se dice que estas personas son **autistas**. Los niños autistas tienen dificultad para relacionarse con otras personas y, en ocasiones, desarrollan un interés obsesivo en temas inusuales, como memorizar placas de auto o copiar imágenes perfectamente.

AZ 88545 9

La prueba de la bicicleta

Para saber qué masculino es el cerebro de alguien pídele que en 30 segundos dibuje de memoria una bicicleta. Los hombres tienden a dibujar con precisión, como la azul. Es más probable que las mujeres dibujen una que no podría funcionar, como la rosa, pero tal vez incluyan un conductor.

bueno para las habilidades MASCULINAS y FEMENINAS

horas de sueño

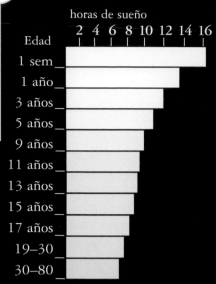

Edad	2 4 6 8 10 12 14 16

(1 sem, 1 año, 3 años, 5 años, 9 años, 11 años, 13 años, 15 años, 17 años, 19–30, 30–80)

¿Cuánto es suficiente?

Como lo indica la tabla anterior, cuando eres más grande necesitas menos sueño. Los adolescentes necesitan más que los adultos y sufren más los efectos de la falta de sueño. Que no te sorprenda si te cuesta trabajo levantarte por la mañana.

¿Para qué sirve dormir?

Pasamos un tercio de nuestra vida durmiendo, pero los expertos aún se preguntan para qué lo hacemos. Una teoría es que permite al cerebro corregir los **desequilibrios químicos** que se forman en el día. Otra es que le permite hacer nuevas conexiones asentando las memorias y las habilidades aprendidas.

¿Cuánto puedo pasar sin dormir?

Las ratas mueren más rápido por falta de sueño que de alimento y tal vez nosotros también. Lo más que alguien asegura haber pasado sin dormir son 18 días en un **concurso de resistencia**. Pero tal vez esto sea falso, la gente que no duerme por la noche suele cabecear durante el día

SI ERES UN BÚHO…

- Duermes con un despertador
- Estás despierto hasta después de medianoche
- Disfrutas quedarte en cama

¿*Eres* un BÚHO

Si te cuesta trabajo levantarte en la mañana, no significa necesariamente que eres flojo, puede deberse a tus genes. Éstos, igual que la edad, influyen mucho en cuánto sueño necesitas.

Tu cuerpo tiene una especie de reloj interno que controla tus ritmos diarios. Le dice a tu cuerpo cuando liberar hormonas para ponerte alerta o para calmarte. El de algunas personas es tan confiable que se despiertan exactamente a la misma hora cada día, como si tuvieran un despertador integrado.

La **persona** promedio tiene un *reloj biológico* de 24 *horas*

Si eres una alondra...

- Saltas de la cama por la mañana
- No te gusta estar despierto hasta tarde
- Te duermes fácilmente

O una ALONDRA?

La longitud del reloj varía de una persona a otra y depende en parte de tus **genes**. El promedio es de 24 horas 18 minutos (tal vez por eso la mayoría quiere dormir un poco más en la mañana). Si tu reloj es corto, eres una **alondra**, lleno de energía temprano por la mañana. Si es largo, eres un **búho**, tal vez te gusta quedarte hasta tarde.

¿Puedo reiniciar mi reloj?

Cuando viajas por el mundo, tu reloj enloquece y te produce *jet-lag*. El reloj ya no corresponde al tiempo real, entonces debes reiniciarlo. La luz brillante puede ayudar, pues desencadena una señal que le dice al cerebro que es de día. De igual manera, la oscuridad le dice que es de noche y hora de liberar las hormonas que te ayudan a dormir.

¿Me hace falta sueño?

Hacen falta entre 10 y 15 minutos para quedar dormido. Si necesitas menos **te falta sueño**, es decir, que no duermes suficiente. La falta de sueño te vuelve desganado, te pone **de mal humor**, vuelve lento tu aprendizaje e incluso puede causar alucinaciones. Si te falta sueño quizás cabecees en la clase. Un conductor con falta de sueño puede dormirse al volante y chocar.

HAZ LA PRUEBA

1 Cuando suena el despertador...

a. ¿Te levantas de inmediato?

b. ¿Lo apagas y te levantas lentamente?

c. ¿Lo pones cinco minutos después?

d. ¿Lo apagas y vuelves a dormir?

2 ¿A qué hora te acuestas el viernes por la noche?

a. 8:00–9:00 pm

b. 9:00–10:00 pm

c. 10:00–11:00 pm

d. después de las 11:00 pm

3 ¿A qué hora te levantas el sábado por la mañana?

a. antes de las 9:00 am

b. 9:00–10:00 am

c. 10:00–11:00 am

d. después de las 11:00 am

4 ¿Qué tan hambriento estás al desayunar?

a. Muy hambriento

b. Sólo un poco

c. No mucho pero haces un esfuerzo por comer

d. Te molesta sólo pensar en la comida

5 ¿A qué hora del día te sientes con más energía?

a. Mañanas

b. Tardes

c. Noches

d. Tarde por la noche

6 ¿Qué tan rápido te duermes?

a. En 10 minutos

b. 10–20 minutos

c. 20–30 minutos

d. Más de 30 minutos

Busca los resultados en la página 96

PREGUNTAS FRECUENTES

¿Qué son las pesadillas?

La parte de tu cerebro que crea las emociones está muy activa durante el sueño. Si crea un sentimiento de temor, el sueño se convierte en **pesadilla** y el resto del cerebro crea una historia adecuada.

Por ejemplo, tal vez pienses que caes desde algo alto o que intentas huir y esconderte de algo aterrador. Las pesadillas son naturales y todos las tienen, pero disminuyen con la edad.

¿Por qué no sé que estoy soñando?

Una de las cosas extrañas es que cuando sueñas no sabes si es un sueño, incluso si ocurren las cosas más extrañas. Esto es porque en los sueños no tenemos **consciencia** del ser. Los lóbulos frontales que crean esta consciencia están apagados.

¿Los animales sueñan?

Muchos animales tienen sueño REM y tal vez también sueñen. Curiosamente, el tiempo que pasan en REM depende de qué tan inmaduros estén al nacer. Al parecer el **ornitorrinco**, diminuto e indefenso al nacer, sueña **8 horas** al día. Los delfines y los reptiles casi nunca sueñan y parece que los pájaros sueñan al cantar, pues las ondas cerebrales del sueño son iguales cuando cantan.

¿Por qué SUEÑO?

Los sueños pueden ser **aterradores**, extraños y fantásticos, pero ¿para qué son? A pesar de décadas de investigación, siguen siendo uno de los grandes misterios del cerebro.

¿Cuándo sueño?

Cuando duermes, tu cerebro pasa por ciclos de actividad que alternan entre el sueño profundo y el ligero cada 90 minutos. La mayoría de los sueños tienen lugar en la parte ligera del ciclo, cuando estás casi despierto. Durante estos periodos, tus ojos **saltan** bajo los párpados como si estuvieran viendo algo. Esto se llama sueño **REM** (Movimiento Rápido del Ojo). Si despiertas a alguien en este periodo es probable que recuerde haber estado soñando.

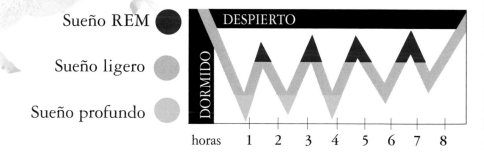

Sueño REM
Sueño ligero
Sueño profundo

DESPIERTO
DORMIDO
horas 1 2 3 4 5 6 7 8

¿Cuánto sueño?

La mayoría de la personas no se da cuenta de cuánto sueñan y es por dos buenas razones. Primero, a menos que despiertes durante el sueño, no recordarás nada. Y segundo, **los sueños alteran el tiempo**. Si alguien te hecha agua para despertarte, tal vez lo hagas creyendo que soñaste con lluvia durante horas. Los científicos del sueño piensan que soñamos casi cinco veces cada noche y pasamos entre **1 y 2 horas** soñando. La mayoría tiene lugar durante el sueño REM, pero algunos creen que también podemos soñar en el sueño profundo.

La persona promedio sueña

Pasas casi cinco años de tu vida soñando

¿Soñamos con algún propósito?

Hay muchas teorías acerca de por qué soñamos, pero nadie lo sabe con certeza. Algunos expertos piensan que ayudan a fijar los **recuerdos**, pero hay personas que nunca sueñan y tienen una memoria perfecta. Otros dicen que ayudan a clasificar las experiencias del día, pero los bebés que aún no nacen pasan casi la mitad del tiempo en un sueño REM y no tienen experiencias que clasificar. ¿Y si los sueños son sólo para clasificar la información, por qué son tan **extraños**?

¿Qué significan los sueños?

El psicoanalista **Sigmund Freud** pensaba que los sueños eran una ventana a nuestros deseos inconscientes y ocultos, y pasó años hablando con pacientes sobre sus sueños y buscando complicados significados. La mayoría de las personas ahora piensa que Freud "leyó" demasiado en los sueños. Los extraños sucesos del sueño podrían ser historias **sin significado** que el cerebro crea a partir de los recuerdos, pues está activo pero no recibe información de los sentidos.

¿Puedo moverme durante el sueño?

Cuando sueñas tu cuerpo está, literalmente, **paralizado**. Es una medida de seguridad para evitar que actúes tu sueño. Tu cerebro se mantiene enviando mensajes a los músculos para intentar moverlos, pero la **médula espinal** los bloquea. Sin embargo los mensajes siguen llegando a los ojos, los pulmones y el corazón, por eso los ojos se mueven y el ritmo cardíaco y la respiración se vuelven irregulares. Algunas veces, la gente se despierta durante el sueño cuando siguen paralizados y se descubren clavados a la cama sin poder moverse y **verdaderamente aterrados**.

casi 1.825 veces al año

PREGUNTAS FRECUENTES

¿Qué es el sobresalto?

¿Alguna vez has soñado que te caes y te despiertas con un sobresalto justo antes de llegar al suelo? Ocurre por lo regular cuando estás a punto de quedarte dormido y se llama **sobresalto hipnagógico**. Lo causa el cerebro que, de pronto, se despierta de nuevo.

¿Por qué la gente camina dormida?

Algunas personas, cuando se duermen rápido, salen de la cama y caminan; se les llama **sonámbulos**. Los sonámbulos no actúan los sueños, de hecho, ni siquiera están soñando. Por lo regular ocurre cuando termina un ciclo de sueño muy profundo. Muchas personas se mueven en la cama o murmuran en este momento, los sonámbulos se levantan y caminan. Los científicos del sueño lo llaman **despertar parcial** pues el cerebro está medio dormido y medio despierto.

Lleva un diario de sueños

Los sueños son difíciles de recordar, pero si los escribes en cuanto despiertas, tus notas te ayudarán a recordarlos. Intenta responder estas preguntas al escribir tus sueños:

- ¿Sueñas a color?
- ¿Puedes escuchar en sueños?
- ¿Puedes controlar los sueños?
- ¿Puedes volar en sueños?
- ¿Qué emociones sientes?
- ¿Puedes percibir el tiempo?

¿Puedes controlar tus EMOCIONES?

MIEDO

El miedo hace que las cejas y los párpados se levanten exponiendo lo blanco de los ojos sobre el iris. Al mismo tiempo, los párpados inferiores se elevan. La boca se abre con un jadeo y los labios se tensan. La sangre deja la piel y te vuelve pálido.

ENOJO

Los músculos jalan las cejas hacia abajo y hacia dentro, haciendo que aparezcan arrugas verticales entre ellas. Los ojos se hacen delgados y adquieren una expresión **feroz** que no vacila. La boca puede cerrarse con fuerza o abrirse y gruñir con rabia, y exponer los dientes. La sangre corre por la cara y te pone rojo.

ALEGRÍA

Una sonrisa verdadera afecta toda la cara elevando las mejillas y haciendo que unas patas de gallo aparezcan junto a los ojos y unas bolsitas debajo de ellos. La boca se abre y el labio superior se retrae exponiendo los dientes. Sonreír también tiende a **reenviar las señales** al cerebro intensificando el sentimiento de alegría.

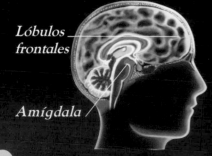

Lóbulos frontales

Amígdala

¡Calma, calma!

Las emociones fuertes se desencadenan por una parte del cerebro llamada **amígdala**, en el sistema límbico. Las partes más avanzadas del cerebro llamadas **lóbulos frontales** actúan como policías y nos permiten ocultar las emociones y resistir la necesidad de actuar con ellas. Los lóbulos frontales tardan en desarrollarse y no llegan a su madurez sino hasta los 20. Por ello, los niños y los adolescentes presentan rabietas y arranques. Sus amígdalas generan sentimientos fuertes, pero los lóbulos frontales no tienen la madurez para controlarlos.

La manera de mostrar las **emociones** en el rostro es igual **en todo el mundo**: una sonrisa significa lo mismo en el desierto del Sahara que en la selva del Amazonas. Los psicólogos piensan que hay 6 emociones primarias, cada una con una expresión facial característica. Estas expresiones están **programadas** genéticamente en el cerebro.

Como los colores primarios las emociones pueden cambiarse

SORPRESA

La sorpresa puede verse similar al miedo, pero hay algunas diferencias sutiles. Las cejas no sólo se abren, además se arquean mucho. Las quijadas se abren haciendo que la boca se vea floja, y los ojos se abren exponiendo lo blanco. La sorpresa es difícil de ocultar, pero el miedo puedes disfrazarlo.

TRISTEZA

En una cara triste los bordes de la boca se caen y los extremos internos de la ceja se elevan creando una figura triangular sobre la nariz, por lo regular, con arrugas en la parte alta. Los ojos pueden humedecerse o enrojecerse preparándose para las lágrimas, pero normalmente una persona triste se voltea o se cubre para ocultar esta señal delatora.

DISGUSTO

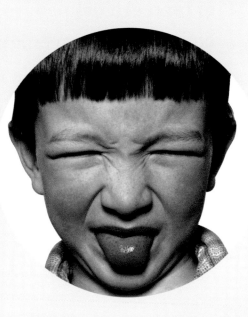

Cuando una persona siente un disgusto intenso, unas arrugas aparecen en el puente entre la nariz y la frente. Los ojos se hacen angostos, las cejas bajan y las mejillas se elevan. Ver la cara de alguien con un disgusto intenso puede producir el sentimiento de disgusto en quien lo ve.

Lleva un diario de sentimientos

Tus emociones pueden no ser siempre adecuadas, algunas veces puedes sentirte muy tenso y sobreactuar. Prueba este ejercicio para saber qué tan confiables son tus emociones.

- La próxima vez que tengas un sentimiento intenso con respecto a algo, intenta saber qué sentimiento es exactamente. Escribe tus conclusiones en un "diario de sentimientos". Hazlo cada vez que tengas un sentimiento intenso.
- Después de algunos días revisa lo que escribiste. ¿Estuvieron justificados tus sentimientos? Escribe en el diario tus comentarios.
- Después de dos o tres semanas, revisa el diario. ¿Tus sentimientos eran adecuados o sobreactuaste? ¿Algunos sentimientos fueron más fiables que otros? En el futuro piensa en cuánto puedes confiar en tus sentimientos.

¿Qué hace que sientas MIEDO?

Emociones fuertes como el miedo, la furia, la sorpresa y el disgusto son los **instintos** básicos que te protegen del peligro y te ayudan a sobrevivir. No sólo afectan tu estado mental, sino que preparan todo tu cuerpo para la acción desencadenando un estado llamado **alerta**. Esto ocurre tan rápido que tu cuerpo está en estado de alerta roja antes de que pienses siquiera en lo que está pasando.

VER
REACCIONAR
SENTIR
PENSAR

¿CÓMO AFECTA EL MIEDO AL CUERPO?

Tu sistema digestivo se detiene y la sangre sale de ahí para abastecer los músculos y te hace sentir mariposas en el estómago. La adrenalina también estimula los intestinos. En los animales salvajes, este reflejo produce una pérdida de peso que les ayuda a huir.

Tus ojos se abren y parecen destellar.

La sangre corre hacia los músculos.

El ritmo de **tu respiración** aumenta de repente y te hace jadear.

Tu corazón se acelera de golpe y hace que el pecho golpee. El latido más rápido ayuda a llevar oxígeno adicional a los músculos.

EL PRIMER SEGUNDO

El miedo es la emoción más fuerte de todas. Las reacciones rápidas son vitales y por eso el miedo toma un **atajo** por el cerebro saltando la consciencia. Esto es lo que pasa en la primera fracción de segundo cuando quedas inmóvil de terror:

1 Una señal pasa por tus ojos u oídos hacia el sistema límbico. Éste realiza un análisis inmediato y envía al cuerpo una señal de peligro.

2 El sistema nervioso y la hormona **adrenalina** ponen el cuerpo en alerta roja. El cuerpo reenvía las señales a los **lóbulos frontales** y te hace sentir miedo.

3 Una señal más lenta desde tus ojos u oídos llega a la **corteza sensorial**, la cual analiza qué es lo que en realidad viste y envía un mensaje a los lóbulos frontales.

4 Los lóbulos frontales usan **el pensamiento y la memoria** para decidir si la amenaza es en verdad peligrosa. Si no lo es, envían señales al sistema límbico para hacer que tu cuerpo se calme.

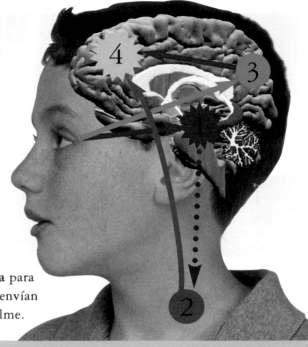

El miedo tiene un efecto profundo e instantáneo en todo el cuerpo. Incrementa el nivel de alerta estimulando el **sistema nervioso simpático**. Este prepara tu corazón, pulmones y músculos para la acción. La hormona **adrenalina** tiene el mismo efecto, pero se queda en la sangre y te hace sentir agitado cuando pasa el peligro.

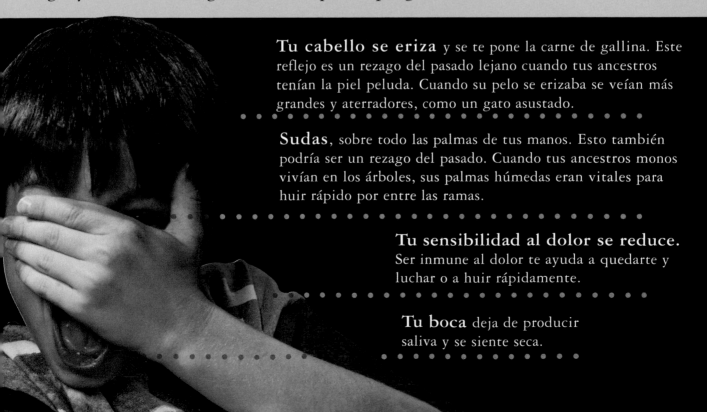

Tu cabello se eriza y se te pone la carne de gallina. Este reflejo es un rezago del pasado lejano cuando tus ancestros tenían la piel peluda. Cuando su pelo se erizaba se veían más grandes y aterradores, como un gato asustado.

Sudas, sobre todo las palmas de tus manos. Esto también podría ser un rezago del pasado. Cuando tus ancestros monos vivían en los árboles, sus palmas húmedas eran vitales para huir rápido por entre las ramas.

Tu sensibilidad al dolor se reduce. Ser inmune al dolor te ayuda a quedarte y luchar o a huir rápidamente.

Tu boca deja de producir saliva y se siente seca.

Una fobia es como *una alarma para auto* que se activa por accidente.

¿Tienes alguna

¿Qué es una fobia?

Alguien que tiene una **fobia** específica sufre un sentimiento de terror absoluto al ver cierto estímulo como una víbora o una araña. Antes de poder pensar, el **sistema límbico** en el cerebro ya ha puesto el cuerpo en estado de alerta y provocado todos los síntomas del miedo, incluyendo el corazón acelerado, el estómago revuelto y un sentimiento de pánico.

¿Por qué las víboras y las arañas?

La gente tiene una tendencia innata a desarrollar fobias a los **animales**. Los psicólogos piensan que es porque los animales venenosos o agresivos eran un peligro serio en nuestro pasado evolutivo distante y aún tenemos genes que desencadenan el miedo.

¿Por qué las fobias son irracionales?

El miedo ocurre por debajo del pensamiento consciente y por eso las fobias pueden ser ante cosas de las que sabemos que, en realidad, no son peligrosas. Es posible eliminar el miedo con el pensamiento, pero es difícil evitar la **reacción visceral** inicial.

fobia?

¿Qué hace que la gente tenga fobias?

De acuerdo con algunas investigaciones, una de cada diez personas tiene una fobia. Es común que los gemelos idénticos tengan la misma, lo cual sugiere que los genes participan en ellas. Pero es posible que la mayoría de las fobias sean aprendidas, pues ver a los demás nos dice a qué tenerle miedo. **Si vemos a alguien** reaccionando con terror ante algo, es probable que también nos dé miedo.

¿Tienes...

... miedo a las arañas, la sangre o las alturas? La mayoría de las fobias se relacionan con animales, enfermedades o situaciones peligrosas:

 gefirofobia, miedo a cruzar puentes

 aerofobia, miedo a volar

 musofobia, miedo a las ratas

 mirmecofobia, miedo a las hormigas

 batracofobia, miedo a ranas, sapos y tritones

 vértigo, miedo a las alturas

 amaxofobia, miedo a los vehículos

 alectorofobia, miedo a los pollos

 aracnofobia, miedo a las arañas

 ictiofobia, miedo a los peces

 ailurofobia, miedo a los gatos

 hemofobia, miedo a la sangre

Algunas "fobias" son en realidad repulsiones. Las fobias siguientes no causan un miedo genuino:

 pogonofobia, miedo a las barbas

 xantofobia, miedo al amarillo

 cronomentrofobia, miedo a los relojes

 blenofobia, miedo al lodo

 scopofobia, miedo a ser observado

 octofobia, miedo al ocho

 panofobia, miedo a todo

 araquibutirofobia, miedo a que la mantequilla de maní se pegue en el paladar

 iofobia, miedo a los venenos y al óxido

 didascaleinofobia, miedo a ir a la escuela

 pteronofobia, miedo a las cosquillas con plumas

 geniofobia, miedo a las barbillas

CÓMO DESCUBRIR A UN MENTIROSO

La gente no solo miente con la voz, también usa expresiones y gestos. Pero hay algunas claves delatoras.

Sonrojo

Algunas personas se sonrojan involuntariamente cuando mienten o sienten vergüenza de ser sorprendidos.

Microexpresiones

Los mentirosos hábiles pueden ser convincentes al verse contentos o tristes, pero si los observas con cuidado verás algunas expresiones verdaderas que aparecen fugazmente, por lo menos de un quinto de segundo.

Expresiones suprimidas

Los menos hábiles pueden ser sorprendidos intentando **suprimir** las expresiones faciales, por ejemplo alguna sonrisa satisfecha.

Músculos honestos

Algunos músculos de la cara son más honestos que otros, sobre todo alrededor de las **cejas**. Por ejemplo, un mentiroso puede sonreír, pero una ceja puede levantarse o saltar porque se sienten incómodos.

Tocarse la cara

Por lo regular, los niños pequeños cubren su boca cuando mienten. Los adultos y los niños más grandes usan gestos similares pero más sutiles, como tocarse la nariz o rascarse un labio.

¿Puedes leer los ROSTROS?

Cabeza. Por lo regular, los movimientos de **cabeza** son fáciles de interpretar. Ligeramente inclinada puede ser señal de **interés**, mientras que si se apoya en la mano puede sugerir aburrimiento. Dirigirla hacia otra dirección puede indicar rechazo, pero también indica concentración. Si alguien hace la cabeza un poco hacia atrás puede indicar que piensa que es **superior**.

Ojos. Los **ojos** dicen mucho. Si sigues la mirada de alguien verás lo que está pensando. Cuando alguien está emocionado, las pupilas se dilatan y es imposible ocultarlo. Exponer lo blanco de los ojos sobre el iris indica miedo o impresión. Girarlos para mostrar lo blanco de abajo puede ser señal de **desprecio**, por lo regular a espaldas de uno.

Pupila normal *Pupila dilatada* *Blanco de los ojos expuesto* *Ojos que giran*

Boca. Los movimientos de la **boca** participan en muchas expresiones obvias incluyendo enojos y sonrisas, pero también pueden indicar sentimientos ocultos. Por ejemplo, los labios muy cerrados indican **enojo reprimido**, y un bostezo puede ser señal de miedo o nervios y no de cansancio. Chupar la pluma o morderse las uñas puede ser señal de tensión y una sonrisa hacia abajo puede indicar falta de interés.

Sonrisa *Labios delgados* *Bostezo* *Morderse las uñas*

Los psicólogos piensan que tenemos cerca de 7.000 expresiones faciales, diferentes que pueden pasar por la cara a una velocidad sorprendente, a veces sin darnos cuenta. En gran medida, tus habilidades sociales dependen de cómo seas de bueno para leer el rostro de la gente y para decodificar sus sentimientos y sus pensamientos internos, sobre todo cuando ocultan algo o no son honestos.

El contacto visual.
Es la clave para una buena comunicación, pero ¿cuánto es lo adecuado? El contacto ocular prolongado puede ser señal de agresión o de **atracción**; muy pocas veces indica deshonestidad, timidez o desagrado. En muchas conversaciones, el contacto ocular es cuestión de dar y recibir, con pausas frecuentes. Cuando la gente **coquetea**, el contacto ocular es más largo y los ojos vagan por el rostro.

Las cejas.
Son de las partes más honestas de la cara. Observa la piel arriba y entre ellas: cuando alguien está preocupado o incómodo, aparecen unas arruguitas sin que se den cuenta.

Los párpados.
Muestran muchas emociones. Un parpadeo rápido indica tensión o fascinación, pero puede detenerse cuando alguien miente o está enojado. Un espasmo de **agitación en los párpados** es una señal segura de nervios.

Ceja levantada   *Ceño fruncido*   *Parpadeo*

Nariz.
Los movimientos de la **nariz** muestran emociones negativas. Cuando la nariz y la ceja se arrugan mucho, una persona se siente molesta. Una arruga ligera solo muestra desagrado, y un movimiento hacia un lado puede indicar desacuerdo. Si las fosas nasales de alguien se abren mucho, pueden indicar que le pareces atractivo.

Nariz hecha hacia un lado   *Arrugada ligeramente*   *Muy arrugada*   *Fosas abiertas*

CÓMO DETECTAR UNA SONRISA FALSA

El truco para descubrir una sonrisa falsa es ver los ojos de quien sonríe.

- Una sonrisa real se expande por **todo el rostro** elevando las mejillas y haciendo que los ojos se arruguen.

- Unas patas de gallo aparecen junto a los ojos, unas bolsas debajo y las cejas bajan. En una sonrisa falsa, la boca se mueve, pero los ojos permanecen **fríos y neutrales**.

- Las sonrisas falsas tienden a tener una duración extraña. Pueden aparecer muy rápido y **terminar abruptamente**. También pueden durar mucho (sonrisa congelada) o ser muy cortas (fugaces).

- Las sonrisas reales suelen ser **simétricas**, las falsas pueden verse **torcidas** y dolorosas.

¿PUEDES DESCUBRIR LAS CARAS FALSAS?

Coteja tus respuestas en la página 96.

¿Cuál es tu LENGUAJE CORPORAL?

La gente entra a nuestra **zona social** en lugares públicos, como tiendas o la calle.

La **zona personal** se usa para conversaciones educadas.

Espacio personal

Lo cerca que dejamos que los demás se aproximen a nosotros depende de cuánto los conocemos. Por lo regular, los extraños no se acercan más de la zona social o personal y sólo los amigos y familiares pueden entrar en las zonas íntimas. Los límites de tus zonas dependen de tu personalidad y de la cultura donde creces.

4 zona social

3 zona personal

Las cabezas de frente pero los cuerpos de lado pueden ser señal de conflicto.

zona íntima cercana **1**   **2** zona íntima

La **zona íntima cercana** es para el contacto físico.

Las palabras y las expresiones faciales no son la única manera de comunicarnos con el cuerpo. Algunos de nuestros gestos son deliberados, pero mucho de nuestro lenguaje corporal es **inconsciente**. También

Este niño tiene una postura relajada y **abierta**, señal de confianza o de arrogancia.

Los políticos a veces usan el puño de **poder** en los discursos.

Ocultar las manos y ver hacia abajo indica sumisión.

Estas niñas se copian una a otra inconscientemente.

DOMINACIÓN

Alguien que se siente superior o **poderoso** lo demuestra con una postura relajada. Relajarse es común en familia o entre amigos, pero con extraños puede parecer engreído.

SUMISIÓN

Sumiso es lo opuesto a poderoso. Una persona sumisa se queda quieta o se sienta derecha con las manos hacia abajo.

IMITACIÓN

Cuando dos personas se llevan bien por lo regular ambas **imitan**, sin darse cuenta, el lenguaje corporal del otro.

Al tener el cuerpo de frente, estas dos personas **excluyen** a la tercera.

También volteadas una hacia la otra, las niñas señalan con el pie. El niño se siente aislado.

A esta niña le gusta secretamente el niño del cabello pelirrojo.

Agresión

Cuando un pleito está por comenzar entre dos niños, se **cuadran**, con la cara de frente, pero con el cuerpo un poco volteado.

Los ojos brillan y dejan de parpadear.

SEÑALANDO CON EL CUERPO

En una situación social, como una fiesta, la dirección del cuerpo es importante. Dos personas pueden hacer que una tercera sienta que **no es bienvenida** manteniendo el cuerpo una hacia la otra. Incluso si, por educación, giran la cabeza de vez en cuando, el tercero se sentirá excluido e incómodo. La gente puede señalar con una parte del cuerpo, sin darse cuenta, hacia algo o alguien en quien piensan secretamente.

leemos el lenguaje corporal inconscientemente: tal vez sientas, sin saber por qué, si le agradas o no a alguien. El lenguaje corporal envía **señales poderosas.** y puede delatar nuestros sentimientos.

Tallar el ojo

Manos y pies inquietos

Tirar de una oreja

Tobillos cruzados y manos enganchadas

Brazos y piernas cruzadas

DESHONESTIDAD

Por lo general, la gente se siente deshonesta cuando miente y esto puede hacer que se **inquieten** o se toquen. Igual que tocarse la cara, los mentirosos pueden cambiar de posición o empezar a mover un pie.

A LA DEFENSIVA

Cuando la gente está ansiosa o a la defensiva adopta inconscientemente posturas **cerradas**. Los tobillos cruzados pueden indicar que alguien oculta sentimientos negativos. **Los pies cruzados** (centro) es un gesto típico femenino que revela una actitud defensiva.

¿Cómo aprendo a hablar?

Los bebés nacen con una habilidad **instintiva** para adquirir un lenguaje sin que se les enseñe. Escuchan atentamente las voces incluso antes de nacer. Al nacer pueden balbucear todas las vocales y consonantes de todos los idiomas del mundo, pero para los 6 meses esto se reduce a los sonidos de la lengua que escuchan. A los 3 años ya han adquirido las palabras más importantes de este idioma.

¿De dónde viene mi acento?

El idioma que hablas y el acento dependen del **lugar donde vives**. Mucha gente adquiere el acento (y las palabras coloquiales) de los amigos y no de los padres, por eso tu forma de hablar puede ser diferente a la de ellos. En la niñez puedes adquirir cualquier acento y aprender con fluidez cualquier idioma, pero alrededor de los 11 años, los circuitos del cerebro que reciben nuevos sonidos se atrofian. El resultado es que probablemente el acento que tengas en la adolescencia lo tendrás toda la vida.

¿Cuán amplio es mi vocabulario?

Las palabras que conoces dependen de la edad, de cuánto lees y del idioma que hablas. En promedio, los estudiantes de preparatoria en México conocen alrededor de **30.000 palabras**, apenas un décimo del total de la lengua española. Aún así, es más que suficiente: la mayoría, en su vida diaria, usa solo alrededor de mil palabras.

¿Eres bueno con las PALABRAS?

Tus genes construyen el equipo básico que necesitas para hablar, pero la forma de hablar depende casi por completo de tu educación, desde tu **acento** y el **idioma** hasta la elección de **palabras**… incluso el sentido del humor.

¿De dónde viene mi voz?

Tu voz sale de las **cuerdas vocales**, dos cuerdas de tejido que vibran en la laringe, en lo profundo de la garganta. **Toca tu garganta** al hablar para sentir como vibran. Haz lo mismo cuando murmures y no lo sentirás, pues solo usas la boca para producir sonido. Tu boca es vital para el habla. Da forma a la vocales: mírate en un espejo al decir aaa, eee, iii… También usas los labios, la lengua y los dientes para las consonantes. Intenta leer en voz alta esta oración sin juntar los labios y verás por qué.

¡Epa, un leopardo!

¿LOS ANIMALES PUEDEN HABLAR?

Los animales se comunican de muchas maneras, ya sea gruñendo, cantando, chirriando, con olores y con todo tipo de lenguaje corporal. Algunos, como las mangostas, tienen incluso un pequeño **vocabulario** de alertas diferente para cada predador, como las águilas, los leopardos y las víboras.

Pero hay algo que solo los humanos pueden usar: la gramática. Con las reglas gramaticales podemos combinar las palabras para crear oraciones, cada una con un significado diferente que se entiende con claridad.

La única voz que nunca escuchas bien es la *tuya*

¿Cómo suena mi voz?

Tu voz la oyes solo como vibraciones en el cráneo, por eso nunca la oyes bien. Grábala y escúchala para saber cómo es en realidad. El sonido básico y el tono de tu voz dependen del tamaño y la forma de tu laringe y tu boca. Pero las vocales y las consonantes pueden depender del idioma y la cultura.

? ?

PREGUNTAS FRECUENTES

¿Para qué son los gestos?

Para conocer la importancia de los gestos al hablar, intenta describir una espiral solo con palabras, o intenta tener las manos inmóviles al hablar por teléfono. Los gestos los adquirimos inconscientemente **copiando** a los que nos rodean al crecer. Tu forma de caminar, de pararte, de sentarte y de mover las manos los copias de tu familia.

¿Qué hace que te rías?

De acuerdo con estudios en gemelos idénticos, tu sentido del humor —igual que el acento y el idioma— se forman por el ambiente en el que creces y no por los genes. La risa es vital para la comunicación porque fortalece los lazos sociales. Algunos científicos piensan que tiene el mismo efecto que acicalarse en los monos. Cada día, los monos pasan horas **acicalando** el pelo de los parientes y amigos cercanos. Al hacerlo se producen los químicos del cerebro llamados **endorfinas** que liberan la tensión.

¿Qué es la dislexia?

Para algunas personas es inusualmente difícil aprender a leer y escribir debido a un problema llamado **dislexia**. Por ejemplo, es posible que una persona disléxica no distinga la "b" de la "d" o los números "6" y "9". Los disléxicos son tan inteligentes como los demás y por lo regular llegan a ser exitosos en la vida.

¿Cuál es mi POTENCIAL?

Dar el MÁXIMO

Desarrollar tu potencial depende solo de saber para qué eres bueno y dar el máximo. Los psicólogos reconocen al menos siete áreas diferentes de habilidad natural o inteligencia. ¿Qué **habilidades** tienes?

- **Interpersonal.** ¿Eres rápido para saber lo que los demás piensan o sienten?
- **Intrapersonal.** ¿Entiendes tus propios sentimientos y emociones, tienes "conocimiento propio"?
- **Física.** ¿Eres rápido para dominar habilidades físicas como manejar, esquiar, deportes o nuevos pasos de baile?
- **Musical.** ¿Puedes tararear una canción después de oírla una sola vez? ¿Puedes dar un tono perfecto?
- **Espacial.** ¿Te parece fácil entender mapas y usar máquinas?
- **Verbal.** ¿Eres un lector ávido o bueno para escribir?
- **Lógico.** ¿Las matemáticas y las computadoras te parecen fáciles de entender?

¿Qué hay de mis DEBILIDADES?

Por lo regular, ser malo en algo no es tan importante. Que no puedas dibujar no impedirá que seas el director de una compañía o un atleta olímpico. Sin embargo, hay algunas áreas de habilidad que son importantes para todos y que conviene mejorar. Todos estamos en contacto con gente en la casa, el trabajo o la escuela, por eso las habilidades interpersonales son importantes. La gente con una buena habilidad interpersonal lleva **ventaja** en la vida y es común que llegue lejos en su profesión. La gente con menos habilidad deberá luchar para tener éxito a menos que aprenda a comportarse más socialmente. Sin duda estas habilidades pueden aprenderse y, de hecho, la mayoría las aprende al crecer.

¿Puedo ser EXITOSO?

Sólo necesitas dos cosas para ser exitoso: un poco de habilidad natural y la voluntad para **perseverar**. Incluso los genios necesitan trabajar mucho para tener éxito. Como decía el inventor Thomas Edison: "El genio es 1 por ciento inspiración y 99 por ciento transpiración". El compositor Mozart fue un genio musical, pero solo después de años de entrenamiento. De hecho, a los 12 años ya había tocado durante 5 años. Del mismo modo, Albert Einstein pasó su infancia leyendo libros muy difíciles sobre matemáticas y filosofía. Sin embargo el verdadero genio no solo depende del trabajo, también se necesita **pensamiento creativo** y mucha imaginación. Un genio rompe moldes y descubre nuevas maneras de hacer las cosas que todos los demás copian. ¿Entonces cuál es el secreto de la creatividad? Los psicólogos piensan que hacen falta cerca de 10.000 horas de práctica en algo para ser tan bueno que permita ser en verdad creativo. Suena mucho, pero son so lo cinco años.

¿Cuál es el secreto de la FELICIDAD?

¿Cuál es el objetivo de ser exitoso si no te hace feliz? Para muchos, la máxima ambición en la vida es ser **feliz**. Por miles de años se ha buscado el secreto de la felicidad y recientemente los psicólogos se han unido a la búsqueda. Si sus investigaciones son acertadas el secreto es en realidad muy simple. Primero es bueno conocer a mucha gente y no pasar tanto tiempo solo. Segundo es más probable ser **feliz** si las expectativas no son demasiado elevadas. Y tres, no olvides ver el lado positivo de las cosas.

El secreto del *éxito* es saber para qué

¿Te sientes destinado a tener FAMA y FORTUNA? ¿Te preocupa no poder usar tus habilidades para obtener el éxito que mereces?

eres bueno y dar el MÁXIMO

GLOSARIO

ADN. Ácido Desoxirribonucleico. Molécula en espiral muy larga que tiene los genes en forma de código químico.

Adolescencia. Período de la vida entre la niñez y la etapa adulta.

Adrenalina. Hormona de "pelea o huye" que prepara el cuerpo para la acción rápida.

Alergeno. Proteína (o complejo de proteína y carbohidratos) inofensiva que puede activar el sistema inmunológico y causar una alergia. El polen es un alergeno común.

Alergia. Reacción normal del sistema inmunológico a una sustancia inofensiva como el polen o el polvo.

Amígdala. Estructura con forma de almendra en el sistema límbico del cerebro. Es importante para las emociones.

Anticuerpo. Proteína hecha de ciertos tipos de glóbulos blancos. Cada tipo de anticuerpo tiene una forma específica que le permite unirse a gérmenes específicos.

Arteria. Vaso sanguíneo de pared gruesa que lleva la sangre desde el corazón.

Articulación. Punto donde se unen dos huesos.

Átomo. Partícula diminuta de materia que no puede dividirse (excepto en una explosión nuclear).

Bacteria. Organismo unicelular microscópico común en toda la materia orgánica viva o muerta. Algunas bacterias causan enfermedades.

Capilar. Uno de los conductos sanguíneos microscópicos por el que la sangre llega a todas las células del cuerpo.

Carbón. Uno de los principales elementos del cuerpo humano. Los átomos de carbón se unen para formar largas cadenas en moléculas orgánicas.

Célula. Uno de los bloques microscópicos que forman todos los organismos vivos. Por lo regular tienen un relleno similar a la gelatina y una membrana externa.

Cerebelo. Estructura en forma de coliflor en la parte trasera del cerebro que es importante para el equilibrio y para coordinar los movimientos musculares.

Clon. Organismo creado, genéticamente igual, a partir de una célula corporal de otro. Los gemelos idénticos son clones naturales.

Consciente. Despierto y atento al mundo.

Corteza cerebral. Parte externa arrugada del cerebro.

Corteza sensorial. Parte del cerebro que procesa la información que llega de los sentidos.

Cromosoma. Elemento del grupo de estructuras microscópicas que hay dentro de las células y que tiene el ADN.

Dominante. Un gen que supera a otro se llama dominante. También a alguien que actúa con prepotencia o es mandón se le llama dominante.

Elemento. Químico que no puede dividirse en partes más simples.

Embrión. Primera etapa del desarrollo de una planta o animal.

Endorfina. Tipo de neurotransmisor que alivia el dolor al liberarse en el cerebro.

Enzima. Proteína que acelera el ritmo de una reacción química en particular. Las enzimas digestivas aceleran las reacciones que dividen las moléculas orgánicas grandes en fragmentos más pequeños.

Esperma. Células sexuales masculinas que se producen en los testículos.

Fertilización. La fusión de un esperma y un óvulo para crear un nuevo individuo.

Gen. Instrucción que está en la molécula de ADN. Los genes pasan de los padres a los hijos en la reproducción.

Gen recesivo. Gen superado por un gen dominante.

Genoma. Conjunto completo de genes en un organismo.

Germen. Cualquier organismo microscópico que cause una enfermedad, como las bacterias y los virus.

Hemoglobina. Proteína que lleva el oxígeno en los glóbulos rojos. La hemoglobina tiene hierro y da a la sangre su color rojo.

Hipocampo. Estructura del cerebro con forma de caballito de mar que participa para fijar las memorias.

Histamina. Químico que liberan los glóbulos blancos y que hace que el tejido se vuelva más suave y se inflame. Se libera durante las reacciones alérgicas o cuando gérmenes o suciedad entran en el cuerpo.

Hormona. Sustancia que una glándula libera en el cuerpo y que produce efectos en otras partes del mismo.

Huella de ADN. Patrón de bandas que se obtiene dividiendo el ADN de alguien y separando los fragmentos sobre gelatina. La policía y los científicos forenses las usan para identificar a la gente.

IQ. El coeficiente de inteligencia es una medida de la inteligencia que se deriva de una prueba de las habilidades espacial, numérica y verbal.

Iris. Parte de color del ojo. Es un músculo que controla el tamaño de la pupila.

Jet-lag. Desajuste en el reloj biológico causado por la rapidez de los viajes en avión entre países con diferencia de horario.

Lóbulos frontales. Las dos divisiones principales de la corteza cerebral. Son importantes para planear y tomar decisiones.

Molécula. Grupo de átomos combinados químicamente. Por ejemplo, una molécula de agua tiene dos átomos de hidrógeno y uno de oxígeno (H_2O).

Mucosa. Fluido espeso y pegajoso que produce la cubierta interna de la boca, la nariz, la garganta y los intestinos.

Nervio. Manojo de largas fibras celulares nerviosas. Los nervios llevan las señales eléctricas entre el cerebro y el cuerpo.

Neurona. Célula nerviosa o cerebral.

Neurotransmisor. Químico que cruza el espacio microscópico (sinapsis) que hay entre dos neuronas y lleva la señal de una a la otra.

Órgano. Estructura corporal larga con una función específica, como el corazón, el estómago o el cerebro.

Óvulo. Célula sexual femenina.

Oxígeno. Gas que la sangre absorbe del aire cuando respiramos. Nuestras células necesitan oxígeno para liberar la energía del alimento.

Placenta. Órgano por el que un bebé en desarrollo, aún en la matriz, absorbe el oxígeno y los nutrientes de la madre. El bebé está unido a la placenta por el cordón umbilical.

Proteína. Molécula biológica compleja hecha de una cadena de unidades llamadas aminoácidos. Los músculos y el cabello son básicamente de proteína. Las moléculas de proteína, llamadas enzimas, controlan la mayoría de las reacciones químicas de un organismo vivo.

Psicoanalista. Alguien que intenta tratar a un paciente discutiendo sus sueños, recuerdos y relaciones familiares de la infancia. Sigmund Freud fue el padre del psicoanálisis.

Psicólogo. Científico que estudia la mente, la conducta y la personalidad de la gente.

Pubertad. Etapa del desarrollo cuando el cuerpo se vuelve capaz de la reproducción sexual.

Pupila. Círculo negro en el centro del ojo. Es un hueco que deja entrar la luz en el ojo.

Sistema inmunológico. Sistema complejo de tejidos y células que defienden el cuerpo de gérmenes invasores como bacterias y virus.

Sistema límbico. Conjunto de estructuras en el centro del cerebro importante en las emociones y los procesos subconscientes.

Sistema nervioso simpático. Una de las dos divisiones principales de la parte involuntaria del sistema nervioso del cuerpo.

Prepara el cuerpo para la acción.

Subconsciente. Debajo del nivel de conciencia. Los procesos subconscientes ocurren en el cerebro sin darnos cuenta.

Tejido. Células de un mismo tipo unidas, como la piel, los huesos o los músculos.

Tendón. Conexión fibrosa muy rígida que une los músculos a los huesos.

Testosterona. Hormona sexual masculina. Desencadena las características masculinas de la pubertad.

Transplante de órgano. Operación en la que un cirujano reemplaza un órgano enfermo por uno saludable de otra persona.

Vena. Vaso sanguíneo de paredes delgadas que lleva la sangre de regreso al corazón.

Virus. Tipo de organismo muy simple que consiste en una extensión de ADN, por lo regular en una capa de proteína. Los virus se reproducen infectando las células y causando, por lo regular, enfermedades.

Vitamina. Compuesto orgánico complejo que el cuerpo necesita en cantidades pequeñas.

ÍNDICE

AGRADECIMIENTOS

Dorling Kindersley quisiera agradecer a las siguientes personas por su ayuda en este libro: Janet Allis, Penny Arlon, Maree Carrol, Andy Crawford, Tory Gordon-Harris, Lorrie Mack, Pilar Morales por el arte digital, Laura Roberts, Cheryl Telfer, Martin Wilson.

Gracias también a Somso Modelle por el uso de modelo anatómico (p. 16).

El editor quisiera agradecer a las siguientes personas e instituciones por el amable permiso de reproducir sus imágenes. Posición: a=arriba, f=fondo, c=centro, i=izquierda, d=derecha

Corbis: Bettman 77ci; Cameron 57ad; Cheque 36-37f; L. Clarke 37ad; Robert Holmes 52cf; Richard Hutchings 22cdf; Thom Lang 6ai, 13fcd, 14cif (cerebro); Lawrence Manning 35fi; John-Marshall Mantel 52ca; Reuters 28fc; Anthony Redpath 1ai (fotos); ROB & SAS 33fd; Royalty Free Images 29ac (boca), 79c; Nancy A. Santullo 64fc, 70ai; Norbert Schaefer 39-37c; Strauss/Curtis 221, 78r; Mark Tuschman 64cif, 78i; Larry Williams 34c; Elizabeth Young 34ci. DK Images: Comisionados de Policía de la Ciudad de Londres 73cd; Denoyer/Geppert Intl. 17cif, 19ad, 20ad; Eddie Lawrence 59ad; Judith Miller, Otford Antiques & Collectors Centre, Kent 64cf (oso), 67fi, 69cif; 16d; Jerry Young 62c. Getty Images: Alistair Berg 26-27; Tipp Howell 49cda; Andreas Kuehn 64ca (cara), 79d; Stuart McClymont 52cd; Eric O'Connell 80-81f; Royalty Free/ Alan Bailey 64fd, 78c; Chip Simons 77d; Anna Summa 79i, 85fci; Trujillo-Paumier 64ad, 76-77f; V.C.L. 36ci; David Zelick 64ad. Science Photo Library: 10i, 11ai, 11ad, 11i, 11d, 14cdf (frasco izquierda), 14cdf (frasco derecha), 15co, 18ci; Alex Bartel 39cd; Annabella Bluesky 22cda, 35fd; Neil Bromhall 39ci; BSIP Ducloux 22cd; BSIP, Joubert 18cia; BSIP/Serconi 11aci; BSIP VEM 18cif, 78fi; Scott Camazine 19fi; CNRI 6cd, 13fci, 17cif, 20cia, 20fi; Depto. De Citogenética Clínica, Addenbrookes Hospital 33fc; John Dougherty 12fi; Eye of Science 19cif, 20ci; David Gifford 6, 22ad; Pascal Goetcheluck 28acd; Nancy Kedersha 5ci, 44-45; Mehau Kulyk 11ac, 18ad; 30cof; Francis Leroy, Biocosmos 38i; Dick Luria 21fi; David M. Martin, M.D. 19ci; Hank Morgan 29fc, 29ac (gráfica), 47fd, 81ad; Dr. G. Moscoso 38d; Prof. P. Motta, Depto. de Anatomía, Universidad La Sapienza, Roma 15cia; Profs. P.M. Motta & S. Makabe 28cd; Dr. Yorgos Nikas 38ci; David Parker 28aci; Alfred Pasieka 29fi, 46-47 (cerebro); Prof. Aaron Polliack 10d, 14cdf (frasco central); Victor De Schwanberg 12fci, 13ad, 14cif (corazón), 14cif (riñón); Volker Steger 58ai, 72-73; VVG 6ad, 21cdf; Andrew Syred 6cif, 11acd, 17cia, 21ci, 28ad, 30ci; Paul Taylor 12fcd; Tissuepix 36"; Geof Tompkinson 46fi; 83 (auto) National Motor Museum, Beaulieu, Somso Modelle 14ai. Todas las demás imágenes © DK Images.

RESPUESTAS

Página 51
IZQUIERDA O DERECHA
Lo más probable es que hayas llegado más lejos en los puntos con una mano. Esa es tu mano dominante y la que usas para escribir. Si llegaste igual de lejos con ambas manos considérate poco común, casi todos prefieren una mano o la otra.

Página 54
¿CÓMO ES TU MEMORIA PARA LAS PALABRAS?
Si obtuviste más de 8, bien hecho. Las palabras son más difíciles de recordar que las caras, pero más fáciles que los números. Quizás las palabras inusuales como "vómito" te parecieron más fáciles que las aburridas (como "ensalada"). Esto es porque el cerebro es bueno para fijarse en lo poco común. Quizás hayas notado que tu memoria visual te ayudó en la prueba, sobre todo si uniste las palabras en combinaciones extrañas como mermelada en la alfombra o una concha en una silla.

Página 55
¿CÓMO ES TU MEMORIA VISUAL?
Si recordaste más de la mitad de los objetos, bien hecho. Esta prueba es más difícil que la de las palabras porque no puedes usar tu imaginación para crear imágenes memorables. Los objetos de la bandeja no son interesantes y es poco probable que permanezcan mucho tiempo en la memoria a corto plazo.

Página 55
COMPACTAR NÚMEROS
La mayoría solo retiene 7 dígitos a la vez en la memoria a corto plazo, si tuviste más, bien hecho.

Los números son mucho más difíciles de recordar que las palabras o las imágenes porque son mucho menos interesantes. Sin embargo, puedes mejorar tu memoria para un número largo repitiéndolo tantas veces que el cerebro recuerde el sonido de las palabras. Esto funciona incluso si las dices en silencio. Si algo te distrae al hacerlo, el número desaparecerá rápidamente de tu memoria a corto plazo.

Páginas 60-61
INTELIGENCIA ESPACIAL
1e, 2b, 3b, 4e, 5d, 6a, 7d, 8b, 9b, 10e

Páginas 60-61
INTELIGENCIA VERBAL
1c, 2d, 3a, 4d, 5e, 6c, 7e, 8d, 9a, 10c, 11d, 12c, 13e, 14a, 15b, 16b

Páginas 62-63
INTELIGENCIA NUMÉRICA
1e, 2e, 3a, 4d (la suma de los 2 últimos números da como resultado el siguiente), 5b, 6a (los números muestran la posición de cada letra del alfabeto), 7e, 8d (¡Cuidado! es una pregunta engañosa), 9d, 10c (otra pregunta engañosa), 11d, 12a, 13b, 14b (todos los números son cuadrados), 15c

Páginas 62-63
INTELIGENCIA LATERAL
1. Un pollo dentro de un huevo.
2. Eran parte de la cara de un muñeco de nieve en el invierno, pero se derritió.
3. La mochila tiene un paracaídas que no abrió.
4. Son trillizos.
5. Una tapa cuadrada puede caer por el agujero si la giras, una redonda no.

6. El ponche tenía hielos envenenados. El hombre se fue antes de que se derritieran.
7. Nada.
8. Prende el primero y deja el segundo apagado. Prende el tercero por dos minutos, luego apágalo. Corre arriba. Uno de los focos (interruptor 1) estará prendido y otro (interruptor 3) estará caliente. El foco frío es el número 2.
9. El hombre es un enano y no llega más arriba del botón 7 del ascensor. Los días de lluvia lleva paraguas y puede usarlo para oprimir el botón.

Página 75
BÚHO O ALONDRA
Da 4 puntos a cada A, 3 a cada B, 2 a cada C y 1 a cada D.

6-11 puntos. Eres un búho y te gusta estar despierto hasta tarde. Pero quizás te haga falta sueño y eso podría ponerte de mal humor y afectar tus estudios. Si piensas que podría faltarte sueño, intenta dormirte más temprano entre semana.

12-18 puntos. No eres ni búho ni alondra y quizás tengas hábitos de sueño sensibles.

19-24 puntos. Eres una alondra y te encantan las mañanas. Considérate afortunado, la mayoría odia levantarse temprano.

Página 85
DESCUBRE LA SONRISA FALSA
1, 2 y 3 son falsas; 4, 5 y 6 son reales.